DR. ROBINSON

EINFÜHRUNG IN DIE METAPHYSIK

Saint Germain
VERLAG

Dieses Buch enthält Durchgaben des Geistlehrers Dr. Robinson durch das Volltrancemedium Remon Noegel–U.S.A. und wurden für das GEIST- UND HEILZENTRUM SAINT GERMAIN, im Mittelpunkt Europas, einem alten keltischen Tempelbezirk, in Höhr-Grenzhausen bei Koblenz am Rhein, freigegeben.

1. Auflage 1990
ISBN 3–925 612–02–5

Made in Germany, 1. Auflage

Höhr-Grenzhausen • Im Silbertal 4 a) • Tel.: 0 26 24 - 20 52
Druck: Scan+Litho Grosse • ISBN 3–925 612–02–5

Am letzten Tage meines metaphysischen Trainings, am 23. März 1981 in Tampa/Florida U.S.A., berührte mich Saint Germain, der Regent des Wassermann-Zeitalters, durch das Volltrancemedium Remon Noegel und teilte mir mit, daß ich im Mittelpunkt Europas sein Geist- und Heilzentrum aufbauen solle, um die Lehren der Aufgestiegenen Meister den suchenden Menschen zu verkünden, sie zu lehren, zusammen mit anderen Lehrern und sie zu heilen an Seele, Geist und Körper.
Einer der Meister, welchen ich drei Wochen lang in Tampa erleben und beobachten durfte, war Dr. Robinson, der wöchentlich in der Spiegelkirche in Tampa abends die Schüler und Schülerinnen unterrichtete, unter denen sich auch kleine Kinder befanden, welche die Eltern mit in das Heiligtum gebracht hatten. Die Kirche hatte eine Länge von 25 Metern und eine Breite von 8 Metern. Wenn die Lampen erloschen waren, schwebte über uns die Gestalt des Geistes Dr. Robinsons, der sich vom Altar der Kirche bis in die Mitte des Raumes ständig bewegte und eine Breite von 2 Metern hatte. Die Erscheinung erinnerte mich an den „Schwebenden Gott" von Ernst Barlach.

Wenige Stunden vor meiner Rückreise nach Europa erhielt ich von Remon Noegel die Erlaubnis, die „Einführung in die Metaphysik" von Dr. Robinson zu publizieren, um die MÄCHTIGE ICH BIN GEGENWART jedem suchenden Menschen im deutschsprachigen Raum präsentieren zu können.
In unserer Zeitschrift PORTRAITS haben wir in jeder Ausgabe darüber Abhandlungen gedruckt, die von den Lesern mit großem Interesse aufgenommen wurden. Nun ist der Zeitpunkt gekommen, wo wir alle Durchgaben Dr. Robinsons als Buch herausbringen können. Weitere Bücher der Meister werden folgen.
Ich habe mir zur Aufgabe gemacht, Theurgie, die Lehre vom Wundertun mit Gottes Hilfe, die magische Gestaltung zu guten Zwecken, ähnlich der Weißen Magie, im Geist und Heilzentrum Saint Germains zu lehren und zu praktizieren. Theurgie ist die mystische Kunst, durch die der Mensch in dem Maße mit der Gottheit zusammenarbeitet, als er sie durch Demut und dauernde Selbstaufopferung realisiert. Wir verstehen unter Theurgie den Verkehr mit planetarischen Geistern, Engeln, den Göttern des Lichts und die Kenntnis der Hierarchien zwecks Erlangung der nötigen Kraft, um mit ihnen zu verkehren.

Das ganze Jahr hindurch werden im KÜNSTLERHOF STARCZEWSKI Seminare in den Wissenschaften der Radiästhesie, Esoterik, Metaphysik und Parapsychologie durchgeführt. Die Teilnehmer kommen aus allen Teilen des deutschsprachigen Europas. Höhepunkte sind die Metaphysischen Heilerseminare, in denen die Suchenden in die metaphysischen Heilmethoden eingeweiht werden, im Sinne Jesu Christi, der uns den Auftrag gab, das Neue Evangelium des Wassermann-Zeitalters zu verkünden, die Menschen von ihren Leiden zu heilen und sie von den negativen Energien, den „bösen Geistern" zu befreien, welche die Menschen sich durch Gedankenkräfte als Wesenheiten selber geschaffen oder herumirrende Geister Verstorbener, die nicht glauben wollen, daß sie tot sind und in die Körper eindringen. So irren oft Selbstmörder herum, die ein Opfer suchen, das sich ebenfalls umbringen soll. Eine besondere Gruppe Besessener sind die MS-Kranken, die, selbst wenn sie schon an Krücken gehen oder im Rollstuhl sitzen, oft davon befreit werden, sobald die Geister, die von ihrem Körper Besitzt ergriffen haben, erlöst werden. Die Dokumentarfilme können dies beweisen. Auch Epileptiker, die in Schüben von diesen negativen Energien befallen und abgesaugt werden und deshalb einen Anfall bekommen, können davon befreit werden, und natürlich auch Parkinson-Kranke, Trinker und Rauschgiftsüchtige. Die Heilungsfilme, welche von solchen Personen gedreht wurden, sind Dokumente und zeigen nichts weiter, als die Anwendung der Theurgie, die Anwendung der Lehre vom Wundertun mit Gottes Hilfe. Wer das Wort sprechen kann, wie es Jesus Christus konnte, der die Kranken, Lahmen, Besessenen, die Blinden, Tauben und Gebrechlichen heilte, wendet nichts weiter als die kosmischen Gesetze an. Für den Uneingeweihten sind es Wunder. Kenneth Mackenzie versteht unter Theurgie den Verkehr mit planetarischen Geistern und mit Engeln, den Göttern des Lichts, die Kenntnis der inneren Bedeutung der Hierarchien zwecks Erlangung der nötigen Kraft, um mit ihnen zu verkehren.

Nach Martinez de Pasqualis ist hierzu die Kenntnis eines oder mehrerer Namen von Mächten oder Kräften, die demjenigen, der sie kennt, Schutz und Hilfe gewähren, erforderlich. Die erste Schule für praktische Theurgie soll schon in der ersten Christenzeit von Jamblichus gegründet worden sein. Zu der Zeit wurden

Geister, jedoch nicht die der Toten, für die Augen der Sterblichen sichbar gemacht. Solche Phänomene, die ich mit Erlaubnis der Geistigen Welt fotografieren durfte, haben uns mit Schmuck und Edelsteinen beschenkt. Ein Theurgist muß zugleich Hierophant und Experte der Esoterik sein. Theurgie ist das Bestreben der Menschen, in der Alten und in der Neuen Zeit zwischen sich und der Geisterwelt eine Verbindung zu schaffen.

Am Ende des Fischezeitalters, am Anfang unseres Wassermann-Zeitalters, in dem ein neuer Tierkreis-Zyklus beginnt, brauchen solche Geister-Phänomene nicht mehr stattfinden, weil sich viele hochentwickelte Seelen freiwillig inkarnieren lassen, um das Neue Wassermann-Zeitalter mitzugestalten. Der größte Teil der Kinder, welche jetzt geboren werden, kommen freiwillig auf die Erde, in Familien, die, wie wir immer wieder feststellen können, fast karmafrei sind. Die sich auch oft als Seelen vorgenommen haben, ihren noch nicht so weit entwickelten Eltern und Geschwistern zu helfen, in die 4. Dimension zu kommen, zurück zu Gott, von dem sie sich getrennt haben. Alle diese Dinge sind durch die Wissenschaft der Radiästhesie meßbar, für den, der berufen ist. Wer das Wort zu sprechen weiß als Magier und Alchemist, kann jeden Kieselstein in einen Heilstein transmutieren, d.h. umwandeln. So wie er jeden Krebstumor auflösen kann.

Auf einem alten Steinbruch in der Höhe von Grenzhausen, neben der Evangelischen Kirche, entstand 1981 die erste Schule für HÖHERES SPIRITUELLES LERNEN, einem alten Keltischen Tempelbezirk im Mittelpunkt Europas, den Saint Germain mit kosmischen Energien geladen hat. Hier stand in alten Zeiten der Sonnentempel, dem Gott RA sein Licht schenkte. Dort wurde ich vierzehn Tage lang durch Saint Germain und vielen Meistern ausgebildet. Es fanden bereits die ersten ungewöhnlichen Heilungen statt, die dokumentiert wurden. Nachdem dieser Platz zu klein wurde, entstand im Silbertal, dem „Mondtal", das neue Zentrum, mit einer großen Pyramide, dem Gralsraum, der „Halle der Meister" und Büros.

Ein „Haus des Lebens" wurde erworben, das nach dem Um- und Ausbau Frauen, die nicht abtreiben wollen, die Möglichkeit gibt, ihr Kind auszutragen, um dann zu entscheiden, ob sie es selbst erziehen oder zur Adoption freigeben wollen. Damit soll dem Mißbrauch des § 218 und der Verletzung des 5. Gebotes: DU SOLLST NICHT TÖTEN entgegengewirkt werden.

Auch die Planung des Pyramidendorfes mit der „Universität des Lichts" ist fertig. Hier soll ein Rehabilitationszentrum entstehen und eine Heimat für junge und alte Menschen, die in einer geistigen Gemeinschaft als freie Menschen leben wollen. - Saint Germain ist der GOTT DER FREIHEIT.
Hier im Silbertal, wo heute die Pyramide steht, stand der „Mondtempel" als Gegenstück zum Sonnentempel. Die kosmischen Punkte dieser Tempelbezirke sind mit Wünschelrute und dem Siderischen Pendel meßbar. Wer das Gelände betritt, spürt sofort die große, kosmische Energie. Die „Eingeweihten", die von überall her in dieses Zentrum kommen, fühlen sich hier zu Hause und erleben wahrhaft den Heiligen Geist an den Samstagabend-Gottesdiensten, denn dieser Platz ist ein Lichtpunkt und wurde bereits vor Jahrtausenden von Gott gesegnet, und dies ist besonders hier in der Pyramide fühlbar.

Hanns-Joachim Starczewski, Rev.
Leiter des Geist- und Heilzentrums Saint Germain

INHALT

Seite:

Ich schaue in die Welt,
In der die Sonne leuchtet,
In der die Sterne funkeln,
In der die Steine lagern.
Die Pflanzen lebend wachsen,
Die Tiere fühlend leben,
In der der Mensch beseelt,
Dem Geiste Wohnung gibt.
Ich schaue in die Seele,
Die mir im Innern lebet.
Der Gottesgeist, er webt
Im Sonn- und Seelenlicht.
Im Weltenraum da draußen,
In Seelentiefen drinnen.
Zu Dir, O Gottesgeist,
Will ich, bittend, mich wenden,
Daß Kraft und Segen mir,
Zum Lernen und zur Arbeit
In meinem Innern wachsen.

Rudolf Steiner

Bruderschaft des neuen Zeitalters lehrt die Wissenschaft des Lebens

Liebe Studenten der Wahrheit!

Diese Lektionen des Neuen Zeitalters werden als philosophischer Unterricht gelehrt durch Dr. Robinson.

Wegen des esoterischen Charakters und der ätherischen Herkunft, können wir die Lektionen herausgeben und nur wenig Verdienst für uns in Anspruch nehmen. Mit unseren Studenten der Wahrheit, Vertrauen präsentierend, werdet Ihr durch das Portal der Erkenntnis gehen, welches alle aufrichtigen Eingeweihten suchen.

Die Ergebnisse, die Ihr durch die Lektionen erhaltet, werden hauptsächlich von Euren Bemühungen zu lernen abhängen und das Wissen, das Euch gegeben wird, in die Praxis umzusetzen. Es ist notwendig, daß Ihr aufgeschlossen seid um die Wahrheit zu erkennen. Für die Fortgeschrittenen unter Euch werden okkulte Übungen mit den Lektionen gegeben.

Wir wünschen aufrichtig, daß Ihr eine geistige Wiedergeburt erlebt. Daß Ihr das Wissen und Weisheit erreicht und Eurer Leben in den Dienst Gottes stellt, so dadurch mithelft, unsere Welt zu verbessern.

Eure Bruderschaft des Neuen Zeitalters

Was ist Metaphysik?

Metaphysik heißt Wissenschaft des Lebens, die Philosophie des neuen Zeitalters, das Portal der Erkenntnis, die Wahrheit durch Selbsterfahrung erlernen und somit das Leben hier auf diesem Planeten Erde zu meistern und zu begreifen. Die kosmischen Gesetze zu kennen - wieviele gibt es denn? Es sind fünf! Wer weiß schon davon?

1. Das Gesetz der Wiedergeburt *(Reinkarnation)*
2. Das Gesetz von Ursache und Wirkung *(Karma)*
3. Das Gesetz der erneuten Gelegenheiten *(Dharma)*
4. Das Gesetz der Entsprechungen *(wie oben so unten)*
5. Das Gesetz der Ausgleichenden Gerechtigkeit *(Kompensation)*

Es gibt weiterhin 12 Naturgesetze, und wer die Gesetze lebt, wird durch das höchste Bewußtsein im Einklang mit dem Universum sein. Einstein lehrte das große Relativitätsgesetz oder Prinzip, demzufolge alles im Universum miteinander in Verbindung steht und keine Bewegung ohne spürbare Auswirkung auf das Andere bleibt. Jeder Gedanke -jede Idee- jedes gesprochene Wort - jede Handlung bewirkt eine Kettenreaktion im Universum. Es ist erstaunlich, wenn man darüber nachdenkt, und dennoch von wunderbarer Bedeutung.

Die alten Griechen lehrten eine Philosophie, daß das Leben eines jeden Menschen nach einem bestimmten Muster abläuft, sie nannten es den Archetyp.
Diesen göttlichen Plan findet man auch in der Astrologie, im Horoskop jedes einzelnen Menschen aufgezeichnet.

Gibt es gut und böse? Eines von beiden zugeben, hieße die Allmacht Gottes verleugnen.
Verschiedene christliche Lehren besagen: Gott ist allmächtig! Im selben Atemzuge aber sagen sie, der Teufel besitzt auch Macht. Wenn Gott allmächtig ist, gibt es keine andere Macht außer der, die von Gott (der Gottheit) selbst kommt. Dann kann es das

Böse nicht geben. Es besteht nicht einmal ein Mangel an Gutem. Es wird nur das natürliche Gesetz verletzt, denn der Mensch ist nicht in Harmonie mit seinem göttlichen Plan; der einzelne Mensch nicht, ganze Rassen nicht, sogar ganze Länder nicht.

Die einfache Grundregel ist, sich nicht in Illusionen zu verlieren, sondern Kenntnisse zu erlangen und die Wirklichkeit der Wahrheit im Bewußtsein zu manifestieren. Es gibt hierfür eine sehr gute Übung:

In mein Bewußtsein, in meiner Welt,
aus meinen Bewußtsein, aus meiner Welt.

Eine Manifestation wird über unseren Verstand und über unsere Körpersinne registriert, jedoch sind diese Manifestationen in keiner Weise Wirklichkeit. Das ist schwer zu verstehen, denn seit Ewigkeiten wird dem Menschen gelehrt, nur das zu glauben, was er sieht. Aber was das menschliche Auge sieht ist Täuschung, ist Illusion. Alle Dinge sind in einem Zustand der Manifestation, sie werden nur solange festgehalten, bis jeder Zustand und jeder Umstand aufhört zu existieren und vom Bewußtsein freigegeben wird. Es gibt keine permanente Manifestation in der Welt. Krankheiten und Schwierigkeiten sind Manifestation und halten sich nur so lange, wie sie in unserem Bewußtsein gehalten werden, geben wir sie frei, hören sie auf zu sein. Nochmals, Christusbewußtsein ist universelles Bewußtsein, ist Klarheit, die man erreicht über seine eigentliche, wirkliche Identität. Alle niedrigeren Ebenen werden von der Täuschung der Manifestation bestimmt.

Alle Menschen besitzen die Fähigkeit zu gestalten, zu kreiern, aber nur wenige verstehen damit umzugehen. Die Bibel sagt: Jede Wirkung ist das Resultat einer Ursache, außerdem, des Menschen Geisteskraft ist seine größte Macht.
Wir sind aktives Bewußtsein, universelle Subjektivität, durch die alle Menschen miteinander verbunden sind. Was bedeutet das alles in der Metaphysik? Ein Mensch, der die Gabe des Heilens praktiziert, muß erst lieben und gestalten lernen, den Mitmenschen als Vollkommenheit sehen; er muß erkennen und aus der Tiefe seines Seins glauben, daß der Mensch keine Schöpfung ist uns Krankheit, Armut, Mißerfolg, Elend oder Unglückseligkeit

auszudrücken oder zu manifestieren. Er muß zuerst seinen eigenen Geist behandeln, bevor er eine andere Person behandelt. Das Ego läßt sich nicht gerne herabsetzen, räumen wir das fehlerhafte Ego aus dem Weg, haben wir den perfekten Menschen. Nur ein wirklich großer Mensch kann sein fehlerhaftes Ego meistern.

Es gibt 3 Hauptarten von Heilgaben:

Magnetisch
Geistig
Spirituell

Beim **Magnetismus** überträgt der Heiler seine magnetische Energie von seinem Körper in den Körper des Patienten. Es ist mehr die allgemeine Form des Heilens und somit die erste Stufe, die jeder gesunde Mensch praktizieren kann. Diese Energie muß nur gut verwaltet werden!

Geistige Heilung bedeutet suggestive Therapie. In des Kranken Verstand pflanzt man Gedanken seiner göttlichen Vollkommenheit ein. Der Kranke wird dazu gebracht, seine negativen Gedanken in positives Denken an Gesundheit umzuwandeln. Geistiges Heilen ist die höhere Ebene des Heilens, denn dadurch hebt man einen Menschen aus seinem niedrigsten Bewußtsein empor zu einem höheren Bewußtsein.

Wenn ein Mensch die **spirituelle Heilkraft** besitzt, wird er zum Instrument der höchsten Gotteskraft, und bewirkt somit sofortige Wunder. Diese kosmische Energie ist unabhängig von Gedankenübertragung oder magnetischer Energie.
In den nächsten Jahren werden viele dieser Heilungen bekannt werden. Krebsopfer, Blinde, Gelähmte usw. werden Zeugnis ablegen, und die Instrumente, die schon in der Ausbildung sind, werden alle Hände voll zu tun haben, um diese göttlichen Kräfte und Beweise zu demonstrieren.
Das sind die sogenannten Wunder, die durch die Anwendung der metaphysischen Gesetze entstehen.

Bekannt ist das Programm, daß ein Mensch ab 40 langsamer treten sollte, ab 50 einen kleinen Aufwind erfährt und wenn er 60 ist, seine Versicherung kassiert und ab 65 Jahren sich über die Farbe seines Sarges Gedanken macht. Das ist eine falsche Hal-

tung, denn aus dem spirituellen Reservoir kann man immer schöpfen, in jedem Lebensalter.
Die Menschen nähren ihr Unterbewußtsein auf Dauer mit einem falschen Programm. Ihre Trauer und Müdigkeit sind dafür ein Beweis. Sie haben ihre eigene Entwicklung selbst behindert. Ab 40 braucht noch niemand aufzugeben. Manche Menschen haben Angst, ihre Aufgaben der kommenden vor ihnen liegenden Jahren nicht bewältigen zu können.

Ich gebe seit Jahren immer wieder leichte Übungen bekannt, es ist wichtig, Atemübungen zu machen, in die Stille zu gehen und zu meditieren, um die kosmischen Energien aufzunehmen. Es ist wie eine kleine Regeneration. Jeder Mensch ist ein wandelndes Reservoir von dynamischer Energie und Kraft, und der Verstand kontrolliert dieses Reservoir. Benutzt Euren Verstand, damit die Kraft in Euch frei genutzt wird, denkt und baut immer in großen Zeiträumen und kreiert im Bewußtsein, alles erreichen zu können. Ich möchte Ihnen eine kleine Übung zeigen zum Aufladen von Energie, wenn man müde ist oder einen kleinen Nachschub braucht: Es gibt negative und positive Energie, Hände und Füße sind Auslöser dieser Polaritäten oder Energieflusses, der immer in Bewegung ist. Schließen wir diesen Fluß kurz aus, indem wir Knöchel und Hände kreuzen, der elektromagnetische Energiefluß ist geschlossen. Jetzt preßt die Fingerspitzen fest gegeneinander, zwischen den Handflächen etwa 5 Zentimeter Raum lassen. Tief einatmen, solange wie möglich die Luft anhalten. Hände vor Solarplexus halten, aber nicht berühren. Finger spreizen. Nur die Fingerspitzen berühren sich., dann davon geht die meiste Energie ab. Ausatmen, 3-5 mal wiederholen, denn Sauerstoff setzt Energie frei. Das magnetische Kraftfeld wird aufgebaut! Danach langsam die Hände etwas auseinanderziehen, und wenn richtig geatmet wurde, spürt man Strom und Zugkraft, man hat das Gefühl die Hände wollen immer wieder zusammen! - Danke!
Diese Übung ist hervorragend für Heilung des Gewebes, Reinigung des Blutes und Gehirnes geeignet. Man kann mit Gedankenkraft diesen Energiefluß jedem beliebigen Organ zuführen.

Die Macht des Lachens hat einen auflösenden Effekt auf negative Situationen. Beobachten Sie Menschen, die metaphysisch arbeiten, wenn Sie Gelegenheit haben. Da gibt es keine Angst

oder Furcht, sie erscheinen sehr jugendlich, kein Zerfall, denn je harmonischer Geist und Körper miteinander leben, desto mehr wird der Körper beherrscht. Wir brauchen dann keine Schönheitsoperationen mehr. Die Feststellung der metaphysischen Wahrheit ist, es gibt nur einen Geist, ein Gesetz, ein Prinzip, eine Substanz im Universum.
Zeit und Raum existieren nicht, sie sind Hilfskonstruktionen, und im Augenblick der Energieumwandlung hört Zeit auf zu existieren.

Die Schöpfungskraft als Gedankenkraft liegt in jedem Menschen, man muß sie nur anwenden und positiv einsetzen. Das Denken muß verändert werden, transformiert werden, so auch die Erde transformiert wird. Einheitliche Konzentration wird den Schlüssel zur Wahrheit allen offenbaren.
In den alten Mysterienschulen Ägyptens und Persiens gab es Einweihungslehren und Riten, sie wurden von den Meistern das Betreten der Schwelle genannt, auch die Schwelle der Angst. Auch sie wußten damals, daß ein Mensch von seinen Ängsten so versklavt werden kann, daß selbst das Wissen, einen viel schöneren Raum zu betreten, sie durch Furcht besessen zögern ließ.
Diese metaphysische Philosophie ist uns von hohen kosmischen Wesen der *Weißen Bruderschaft* und durch eines der größten Medien durchgesagt worden, kein Buch, kein Yogi oder sonstige Lehrer haben Zugang zu diesen praktischen Lebensweisheiten.

Wir müssen spirituell sein, geistig sein, kreativ sein, der Geist des neuen Zeitalters, der die Erde in eine neue Rotation versetzt, der in die Aura der Erde gelangt und große Vibrationen erzeugt in Kollision mit dem Gesetz des alten Zeitalters. Daraus entstehen Unrast und Unglücklichsein unter denen des alten Gesetzes, jene die rein materialistisch denken. Wir sind Pioniere des Wassermannzeitalters und Instrumente für die unsichtbare Welt, die uns hilft die Wahrheiten zu demonstrieren und damit den Menschen eine positive Lebensgestaltung zu ermöglichen.

Über den praktischen Verlauf einer Seance

Vorkenntnis:

1. Glaube an eine Unendliche Intelligenz, einen Unendlichen Geist, Vater, Mutter, Gott, Logos (Das fleischgewordene Wort)
2. Glaube in die Phänomene der Natur auf physikalischem wie spirituellem Gebiet als Ausdruck dieser Intelligenten Spirituellen Kraft.
3. Das richtige Verstehen dieses Ausdrucks und Leben im Einklang mit den Naturgesetzen des Universums ist wahre Religion. Naturgesetz definiert von Dr. James Robinson unter Mitwirkung von Reverend Ramon Noegel:
   „Naturgesetz ist das Gesetz, das Gott in Bewegung gesetzt hat, um alles von Ihm geschaffene zu regieren. Es ist unveränderlich und wir wissen von keinem Ereignis, wo Gott dieses Gesetz als Antwort auf einen menschlichen Appell oder aus einem anderem Grund umgestoßen hätte."
4. Die Existenz und persönliche Identität jedes Einzelnen existierte vor und wird fortfahren zu existieren nach dem Wechsel, der Tod genannt wird.
5. Kommunikation mit den sogenannten Toten ist eine Tatsache, wissenschaftlich bewiesen durch die Phänomene des Spiritualismus.
6. Die höchste Moralität, die in der Goldenen Regel enthalten ist: „Was Du von anderen erwartest, das sollst Du ihnen ebenso geben."
7. Der Mensch ist persönlich verantwortlich für sein Leben. Er schafft sein eigenes Glück oder Unglück, indem er die Naturgesetze des Lebens beachtet oder mißachtet, bewußt oder unbewußt.
8. Die Tür zur Neugestaltung ist niemals geschlossen. Es gibt immer Gelegenheit zu lernen und zu wachsen, sich weiterzuentwickeln und zu lieben. Das Ergebnis wird die Verwirklichung wahrer EINHEIT sein.
9. Die Lehre der Propheten der Bibel ist göttliches Merkmal und durch Medien erwiesen.

Spiritualismus: eine Wissenschaft, Philosophie und Religion des kontinuierlichen Lebens, die sich auf die demonstrierten Tatsachen der Kommunikation gründen, wie sie durch die Mitteilung von Medien zu jenen, die in der Geistigen Welt leben, zustande kommen.

Spiritualist: ein Mensch, der an diese Kommunikation glaubt -als Basis seiner Religion- und der bestrebt ist, seinen Charakter und Verhalten in Einklang mit diesen höchsten geistigen Lehren zu bringen, die er durch diese Kommunikation erlangt.

Medium: ein Mensch, dessen Organismus für die Vibrationen aus der Geistigen Welt empfänglich ist und durch dessen Mittlung Intelligenzen aus jener Welt Durchsagen und psychische Phänomene übertragen können.

Phänomene: setzen sich zusammen aus Prophetie, Hellsehen, Hellhören, Hellfühlen, in vielen Zungen sprechen Gabe des Heilens, Visionen, Trance, Klopfzeichen, Levitationen, Stimmen, automatisches Schreiben und Malen, Photographie, Skotographie, Präzipitationen, Psychometrie, Apporte, Materialisationen und jede andere Manifestation, die die Kontinuität des Lebens beweist.

Was ist eine Séance?
Ein Zusammentreffen, um spirituelle Kommunikation zu erlangen.

Warum eine Séance besuchen?
Was kann dadurch gewonnen werden?

A. Persönliche Verantwortlichkeit lernen durch geistige Führung.

B. Die Angst vor dem Tode zu verlieren, der nur eine Rückgeburt in die größere Realität ist, aus der wir gekommen sind.

C. Der Mensch ist eine Seele, die einen Körper hat, nicht umgekehrt.
   1. Der Mensch ist ein geistiges Wesen, sogar während er in einem physischen Leib lebt.

D. Der Mensch wird immer das ernten, was er gesät hat, entweder in diesem oder im nächsten oder übernächsten Leben (Reinkarnation)

E. Jene, die gestorben sind, haben ein Bewußtsein; ein Bewußtseinsgrad gemäß dem ihres irdischen Lebens und gemäß der Hilfe, die sie von anderen bekommen haben, seit sie verstorben sind, in die Geistige Welt hinübergegangen sind.
   1. So kann durch dieses Wissen die Trauer der Hinterbliebenen vermindert oder beseitigt werden.

Wie verhalte ich mich in einer Séance?

1. Sei bereit, die Leiter der Phänomene hinaufzusteigen.
   a. Erwarte nicht, am höchsten Punkt zu beginnen, um Dich dann herunter zuarbeiten. Einige Menschen haben die irrtümliche Vorstellung, daß sie geradezu in eine Materialisations-Séance hineinspringen könnten mit geringer Grundkenntnis. Dazu kommt, daß einige Spiritualisten glauben, einem zweifelnden Freund allen Zweifel nehmen zu können, wenn sie in zu einer Teilnahme bei einer Séance bringen, besonders wenn es sich um eine Materialisation handelt. Sie glauben, daß dies allein alle Zweifel am Leben nach dem Tode auslöschen könnte. Dies kann einige Verwirrung hervorrufen, besonders dann wenn jemand noch nicht das rechte Verstehen für diese Dinge hat. Wenn Du wirklich die Schönheit und Tiefe dieser Séancen erfahren willst, mußt Du gewillt sein, ganz von vorn zu beginnen.
2. Bereite Dich durch Gebet und Meditation auf eine Séance vor und erbitte den Einfluß der Höheren Kräfte der Geistigen Welt auf einen gesegneten Verlauf.
   a. Nimm nicht die Haltung eines Beisitzers ein. Du bist ein Teilnehmer an einer sehr seltenen und ungewöhnlichen Demonstration.
3. Sei verehrend enthusiastisch. Auch Du bewirkst, daß die Vibrationen entstehen, <u>durch</u> welche die Kontrollgeister ihre Übertragungen vermitteln.
   a. Glaube nicht, daß diese Kraft vom Medium allein ausgeht. Es stimmt, daß in den meisten Fällen die meiste Kraft vom Medium gezogen wird, aber es ist nicht wahr, daß dies allein entscheidet, ob eine Séance erfolgreich sein wird. Das Gesetz der Anziehung arbeitet während einer Séance genauso wie es an jedem anderen Punkt im Universum in Tätigkeit ist. Beeinflusse das Ergebnis der Séance nicht negativ durch negative Gedanken und Gefühle.
4. Erkenn die Notwendigkeit von Medien. Ohne ein Medium, ohne Medien sind physikalische Phänomene unmöglich. Um physikalische Phänomene zustande bringen zu können, wird „Ektoplasma" benötigt. Ektoplasma wird aus der lebendigen Zellsubstanz des Mediums gewonnen, während der Trance. Diesem Protoplasma mischt der spirituelle Chemiker

andere chemische Elemente bei, die aus der umgebenden Atmosphäre entnommen werden, um das „Ektoplasma" herzustellen.

a. Glaube nicht, ein Medium sei überflüssig. Ohne diese mediale Vermittlung wären physikalische Phänomene eine Trivialität.

5. Verstehe die Notwendigkeit des Ektoplasma, das den Ektoplasmastab formt, der sich erhebt und die Trompete aufrechterhält; diese ist das Sprach-Rohr, durch welches der Geist spricht; dies ist die Basis der verschiedenen Formen, die von den sich materialisierenden Wesenheiten benutzt werden. Ebenso elektromagnetische Energie.

   a. Glaube nicht, daß Du Dein Sprach-Rohr oder Deinen physischen Körper mitnehmen kannst, wenn Du den Übergang in höhere Leben tust.

6. Verstehe, daß ein Medium einen Gewichtsverlust von 40 Pfund und mehr während einer Séance hat, aufgrund der Tatsache, daß seine lebende Zellsubstanz zum Produzieren von Ektoplasma benötigt wird. Glücklicherweise wird das meiste dieser Zellsubstanz nach der Séance dem Medium wieder zugeführt, allerdings nicht alles, da einiges durch die Energie-Übermittlung verloren geht. Die Energie eines Mediums ist nicht endlos.

7. Verstehe, daß Licht Ektoplasma zerstört. Weißes Licht ist aufgrund seiner Intensität und Brillanz am meisten schädigend. Schwarzes Licht oder ultraviolettes sind nicht so sehr zerstörend, wenn sie recht gehandhabt werden. Rotes Licht zerstört am wenigsten, obwohl nicht gesagt werden soll, daß eine von diesen Lichtquellen ungefährlich ist. Wenn eine Lichtquelle auf Ektoplasma gerichtet wird, beginnt es, augenblicklich zu zerfallen. Im Bereich der physikalischen Phänomene bewirkt es, daß die Zellsubstanz gewaltsam in den Körper des Mediums zurückgeführt wird, was große Schmerzen und manchmal sogar den Tod verursacht.

   a. daher sei achtsam: Kein Licht.

8. Folge den Regeln des Mediums willig; zum Beispiel: Hände auf den Rücken bei Materialisationen; Entfernen von Brillen, wenn elektromagnetische Energie, wie bei der illuminierten Trompete benutzt wird: keine Tonbänder, keine Kameras.

   a. glaube nicht, alles zu wissen, nur weil Du von einer anderen Art der Demonstration gehört hast, daß dies die einige Möglichkeit für alle Séancen ist.

9. Verstehe was ein Kabinett ist und für was es benutzt wird. Die Beschreibungen differieren. Das Kabinett dient in der Hauptsache dazu, das Medium vor den Lichtstrahlen und der kondensierten Kraft zu schützen, die bei den Demonstrationen benutzt werden.

a. Glaube nicht, das Kabinett diene dazu, das Medium vorm Regen zu schützen.

10. Verstehe, was die Gruppe der Engel bedeutet und wie die Positionen in der Gruppe verteilt sind.

1. Wächter 2. Meister 3. Doktor 4. Heilerin 5. Chemiker 6. Indianer 7. fröhlicher Türschließer.

a. Sei über die Qualität und Quantität der Gruppe der Engel nicht fehlunterrichtet. Beispiel: Jesus als ein persönlicher Führer.

11. Erkenne die Regeln und die Notwendigkeit der Regeln der Führer an, die die Gruppe leiten.

a. Glaube nicht, daß Du die Séance leitest .... der Geist leitet sie.

12. Folge willig Allem, das während der Demonstration vor sich geht. Du kannst möglicherweise etwas wichtiges daraus lernen.

a. sei nicht unbedacht anderen Teilnehmern der Gruppe gegenüber, indem Du dazwischen redest oder für andere ein Ärgernis wirst.

13. Suche die Antwort zu privaten Angelegenheiten in privaten Sitzungen.

a. Zerstöre nicht die Gruppen-Demonstration, indem Du forderst, spezielle Einzelheiten aus allen 38 Deiner Kräfte zu hören.

14. Verstehe, was man unter einem Apport versteht und wie Du dich benehmen mußt bei einer Apport-Demonstration.

a. Glaube nicht, ein Apport ist ein Airport, wie ein Freund von mir ihn bezeichnet.

15. Verstehe die 3 Grundtypen der Materialisation und was ein Geist bewerkstelligen muß, um zu materialisieren. Äthermanifestation; Transfiguration; konkrete Materialisation. Verstehe, daß eine sich materialisierende Wesenheit seine Schwingungsebene verringert hat, um eine physische Form

anzunehmen, diese Form durch Geisteskraft zusammenhält und seinen Gedanken auf diesem Wege ausdruckverleiht. Ziemlich erstaunlich!
a. Glaube nicht, Materialisationen seien ein Kinderspiel. Sie sind die schwierigste Phase aller physikalischen Phänomene.

16. Erkenne die Wichtigkeit eines Lichtes und guter Schwingungen innerhalb der Séance. Dieses gekoppelt mit Singen erhöht die Fähigkeit der Geister eine kraftvolle und schöne Demonstration von Liebe einem jeden Gruppenteilnehmer zu bringen.
a. Glaube nicht, daß die Chancen einer guten Séance groß sind, wenn die Schwingungen niedrig sind.

17. Verstehe die Wichtigkeit Deiner positiven Reaktion auf Fragen des Geistigen Führers. Einige Menschen leben mit der falschen Vorstellung, daß ein Führer in der Geistigen Welt alles über andere Geister der Geisteswelt wüßte. Warum sollten sie und wie könnten sie? Sie sind nicht Gott. Es gibt Millionen von Geistern in der andern Welt und viele von ihnen suchen nach einer Gelegenheit, sich auf der Erde bemerkbar zu machen.Für einige ist es gleich, auf welche Weise sie dies bewerkstelligen oder durch wen sie dies tun. Auch gibt es noch böse Geister, die einfach nur totale Verwirrung stiften wollen. Aus diesem Grund - unter anderen - ist der Kontrollführer darauf bedacht, daß der richtige Geist zu den richtigen Leuten zur richtigen Zeit kommt. Überflüssig zu sagen, daß dieser Führer eine große Verantwortung trägt, zumal, wenn die Gruppe aus bis zu 70 Teilnehmern besteht.
a. Laß die Hoffnung nicht sinken. Mit Deiner Hilfe und Zusammenarbeit kann der Segen nicht ausbleiben.

18. Wenn Du ein Segen bist, so wirst Du ihn auch erhalten. Bist Du kein Segen, wo wird er auch ausbleiben.

Der Unterschied zwischen Glaube und Vertrauen

Wo Zwei oder Drei versammelt sind in meinem Namen, da bin ich mitten unter ihnen. (Matthäus 18:20) Ist es nicht wunderbar, meine Freunde, wenn wir darüber nachdenken? Wir arbeiten alle zusammen an einem Sinn. Dieser Sinn besteht darin, daß wir unseren Mitmenschen mehr von unserem himmlischen Vater mitteilen. Damit die Menschen, eure Mitmenschen den ganzen Entwicklungsprozeß mehr verstehen mögen. Damit sie letztlich Frieden, Glück und geistiges Weiterentwickeln finden können.

Jesus gab uns ein Gleichnis vom Manne, der auf einem Feld einen verborgenen Schatz fand. Er verkaufte alles was er hatte, um genügend Geld für den Kauf dieses Stück Ackers zu haben. In einem anderen Gleichnis sprach Jesus von dem Kaufmann, der ein kostbares Kleinod, eine unschätzbare Perle gefunden hatte. Auch er verkaufte alles was er hatte, um dieses Juwel zu besitzen. Dieses läßt sich auch von der Wahrheit sagen. Es ist der kostbare Schatz, den man auf Erden erwerben kann. Es ist das einzige, was ihr mitnehmen könnt. Alle materiellen Dinge müßt Ihr zurücklassen, aber die Wahrheit wird Euch auf die andere Seite des Lebens begleiten. Ihr, die Ihr im Neuen Zeitalter lebt, seid Euch Eures Weges bewußt. Ihr seid in der Präsenz. Was immer kommen mag, geht immer geradeaus. Wichtig ist nicht, wer alles den Lauf beginnt, sondern wer in zu Ende geht. Da Ihr also auf Eurem Weg in die Zukunft gerichtet seid, ist der Blick zurück unnötig. Kein Grund sich über die Fehler von gestern den Kopf zu zerbrechen. Ihr habt die Lektion aus diesen Fehlern gelernt, nun aber geht weiter. Wenn Ihr das täglich immer neu beginnen werdet, wird Euch immer ein kleiner täglicher Erfolg begleiten. Wichtig ist zu wissen, daß es eine Tag-für-Tag-Wanderung ist. Ihr müßt aber dabei konsequent sein. Laßt Euch durch kleine Rückfälle nicht entmutigen, sie sind menschlich, aber sie lassen sich eliminieren.

Ich habe den Unterschied zwischen Glaube und Vertrauen erklärt. Ein Mensch der betet, entwickelt Vertrauen. Ein Mensch kann glauben ohne zu beten, aber er kann kein Vertrauen entwickeln ohne zu beten. Gebete bringen ihm die notwendige Erfahrung, die ihm das Vertrauen bringt. Viele von Euch haben erkannt, daß materielle Dinge Illusionen sind. Sie bringen nicht die volle Zufriedenheit. Wenn Ihr halt um die materiellen Dinge des Lebens kämpft, merkt Ihr irgendwann einmal, daß sie das wahre Glück nicht mit sich bringen. Danach sucht Ihr Euer Glück in den spirituellen Dingen zu finden. Nehmt also nicht die Imitation mit auf Euren Lebensweg, sondern das Echte.

Ich lehre Euch bestimmte Dinge in einer Lektion, die ich dann nach einigen Monaten wieder aufgreife, um sie wieder in einem anderen Licht zu erklären. Ich versuche die Wahrheit zu erklären, auf eine Art, daß Ihr sie in ihren verschiedenen Terminologien erkennen könnt, wenn Ihr die alten Schriften der Religionen lest. Ihr werdet nach und nach begreifen, daß Erleuchtung, heiliger Geist, kosmisches Bewußtsein so wie sie bei Christen, Buddhisten, Hinduisten Rosenkreuzer genannt werden, Wahrheiten sind, die alle das gleiche beinhalten, aber nur mit unterschiedlichen Terminologien belegt sind. Keine Religion hat ein Privileg über eine andere Religion, sie sind alle Hilfsmittel und das alte Wort sagt: Wenn der Schüler bereit ist, wird der Meister erscheinen. Wenn Ihr also am Punkt Eurer geistig-spirituellen Entwicklung angelangt seid, der in Euch eine Aufnahmemöglichkeit bereitet hat, dann wird sich Euch das Tor öffnen und größere Erleuchtung wird Euch zuteil. Ihr werdet immer ein paar gut gesetzte Worte für andere finden. Bemerkt Ihr eine positive Reaktion, könnt Ihr weitergehen. Toleranz und Verständnis sind die größten Tugenden eines Menschen. Die Erde wächst schnell aus ihrer alten Ordnung heraus, in der Menschen Organisationen angehörten, die sie zu Intoleranz und Vorurteil veranlaßten.

Im 91. Psalm heißt es: Denn er hat seinen Engeln befohlen über dir, daß sie dich behüten auf allen deinen Wegen. Daß sie dich auf den Händen tragen, und du deinen Fuß nicht an einen Stein stößest. Ja, meine Freunde, die Welt wird im Wassermann-Zeitalter immer mehr mit göttlichen Präsenzen, himmlischen Wesen bevölkert werden. Dazu den ersten Hebräerbrief Paulus: Vers 14: Sind sie nicht allzumal dienstbare Geister, ausgesandt zum Dienst um deretwillen, die ererben sollen die Seligkeit? Jeder von Euch ist motiviert durch einen ewigen inneren Drang, das Einssein mit dem Vater kennenzulernen. Durch dieses Verlangen zieht Ihr die Kraft der unsichtbaren Welt an, die dafür notwendig ist. Erkennt Ihr das? Könnt Ihr es in Euch fühlen? Habt Ihr schon einmal die Nähe eines Wesens aus der unsichtbaren Welt gefühlt? Es ist nicht so sehr das Gefühl der Gesellschaft, sondern das große, wunderbare Gefühl, auf freundlichen Wegen zur Erleuchtung geführt zu werden. Ihr durftet den beschützenden Einfluß der Engelwelt selbst spüren. Wir sehen Eure Demonstrationen, die Freude, die Euer Innerstes dadurch berührt, wir sehen Eure Gebete, wir sehen die kreative Kraft, die Eure Leben erfüllt, wenn Ihr in die Stille eintretet. Wir sehen daran, daß Ihr Euch weiter - höher entwickelt. Wir sind ergriffen von dem was wir sehen. Wir wissen, daß dieses Erleben, diese pulsierende Freude, dieser große Friede, diese große Kraft Euch weiterzieht, und bei jedem weiteren Schritt werdet Ihr sagen: Ich muß mehr haben. Ich muß die göttliche Kraft der Universellen Intelligenz durch mich fließen fühlen. Ich muß im Einklang mit der Engelwelt sein!

Wann immer Ihr einem Mitmenschen zu einem Schritt nach vorn verholfen habt, hat dies zur Folge, daß auch Ihr einen Schritt nach vorn tut.
Es ist ein guter christlicher Sinn, sich gegenseitig „ins Himmelreich" zu bringen. Eifersucht und Neid haben da keinen Raum. Das Himmelreich ist eine Realität. Da gibt es viele Ebenen, die den Sterblichen unzugänglich und unverständlich sind. Schritt für Schritt aber werdet Ihr lernen, wieviel Mysterien das Leben enthält. Darum gebe ich Euch oft okkulte Übungen auf, denn sie beweisen das Prinzip. Sie helfen Euch, den Dingen auf die Spur zu kommen. Viele Lehrer führen diese Prinzipien an, aber sie vergessen, die dazu nötigen Übungen mitzuliefern.

Meister Johannes spricht

Euch, den Jüngern Christi, möchte ich heute sagen, daß Ihr auf dem Pfad der Liebe, der zu dem Himmelreich auf Erden führt, manches Opfer zu bringen müßt. Die Zeit in der Ihr lebt, erfordert das äußerste, was Ihr bringen vermögt. Die Zeit schreitet schnell voran, und nur diejenigen, die ein selbstloses Leben zu führen willens und in der Lage sind, werden durch ihren eigenen Einsatz belohnt werden. Das Neue Zeitalter ist ganz klar. Es gibt da keine Dunkelheit in Unwissenheit und Verwirrung und die Kinder der Dunkelheit müssen sich entweder umstellen oder sie werden auf eine andere Bewußtseinsebene versetzt werden, so daß die Kinder des Lichtes die Erde besitzen und das Neue Zeitalter sie mit seinem hellen Licht und Schönheit umgeben kann.

Der Kampf zwischen den Kindern der Dunkelheit und den Kindern des Lichtes findet bereits statt. Die Lichtkinder werden die Sieger sein.Liebe Freunde, seid klar in Eurer Haltung und macht aus Eurer Überzeugung keinen Hehl. Seid Kinder des Lichts! Seid so vollkommen, wie Euer himmlischer Vater vollkommen ist!

Meister Aaron spricht
Ich sehe die Goldfarben Eurer Aura, Eure guten Schwingungen, Menschen unter Euch, die im Licht wandeln und den geistigen Pfad beschreiten. Seid dankbar, denn es ist keiner unter Euch, der keinen Grund hätte, dankbar zu sein. Ihr, die Ihr jetzt beginnt, Eurem Leben die rechte Richtung zu geben, könnt gewiß sein, daß Ihr in einem Jahr schon einen Schritt weiter gekommen seid. Ihr werdet dann mehr Glück und Freude empfinden, denn Ihr werdet dann bereits die Früchte ernten, die Ihr durch die richtige Einstellung innerhalb dieses Jahres als Saat gesät habt.

Dr. Robinson spricht
Viele von Euch fühlen ganz genau, daß sie auf dem Weg zu neuen Ufern sind. Die unwichtigen Dinge sind dazu da, daß Ihr sie hinter Euch laßt. Werft Ballast ab! Das Brot von gestern genügt nicht mehr. Ihr braucht das Brot der geistigen Nahrung. Gott wird Euch segnen. Verfolgt konsequent mit Weisheit den Weg, der Euch zur göttlichen Erleuchtung führt! Und wir als die Meister des Wassermann-Zeitalters, der weißen Bruderschaft des Universums, kleiden Euch mit Geist und Macht des Sieges und Erfolges!

Argumentative Heilung

1.) In den letzten Lektionen haben wir die kreativen Kräfte behandelt, die richtige Einstellung für Eure Wunschverwirklichung. Es gibt zwei Methoden, die Ihr anwenden könnt. Wir nennen sie

1) die *argumentative Methode*
2) der *Realisationsprozeß.*

Zum ersten: **der Heiler muß den Heiler behandeln.**
Mit anderen Worten: Arzt, hilf Dir selber! In der ersten Methode, der argumentativen, sitzt der Heiler still in Meditation. Wenn er etwas, sagen wir für jemanden in einer anderen Stadt aufbaut, dann sagt er nur den Namen.
Dann beginnt er das argumentative System, indem er in etwa sagt: „Der göttliche Geist ist vollkommen. Der göttliche Geist ist in Johanna." Johanna ist göttlicher Geist; daher ist Johanna vollkommen. Mit dieser Methode versucht er sich zu überzeugen, daß Johanna vollkommen ist. Er überzeugt seinen eigenen Verstand.

Wenn Martha, die an Tuberkulose leidet, zu ihm kommt, sagt er lediglich ihren Namen. Er vertieft sich nicht in ihre Krankheit, in die negative Seite ihrer Lage. Er argumentiert es aus seinem eigenen Denken, indem er sagt: „Martha ist ein Teil Gottes und weil sie ein Teil Gottes ist, kann sie nicht krank sein." Sie ist vollkommen, weil Gott vollkommen ist; daher ist sie vollkommen.
Dieses sind Beispiele für die argumentative Methode. Der Heiler baut sein eigenes Bewußtsein auf, sein eigenes Gefühl. Er argumentiert mit sich selber, daß der Patient perfekt ist. Bis zu dem Maße, daß er Tag für Tag an diesem Bewußtsein baut. Er überzeugt sein eigenes inneres Selbst von der Vollkommenheit der leidenden Person. Er argumentiert die Tatsache hin und her, bis er zur Überzeugung gelangt ist, daß diese Person vollkommen ist.

Heiler, du mußt den Heiler behandeln!

Realisation (Verwirklichung)

2.) Die zweite Methode, die Realisation, ist die höchste Form der Behandlung. Die argumentative Methode führt hin zur Realisation. Eine Person die diese Methode entwickelt hat, wird den Namen der zu behandelnden Person sprechen, um ihn dann zu vergessen. Er wird nur den göttlichen Fleiß, die göttliche Kraft fühlen und darin baden. Er erkennt Gott in seiner Vollkommenheit. Es kann sein, daß er mit keinem Wort die Lage der zu behandelnden Person beschreibt oder erwähnt.

Alles, was er sagt, lautet in etwa so: *Die zu behandelnde Person ist Martha.* Danach wird er sich der göttlichen Vollkommenheit hingeben. Er sieht, fühlt und drückt die göttliche Vollkommenheit aus. Er hat keinerlei Mühe oder Kraftanstrengung. Er drückt auch keinerlei Entschlossenheit aus, was das Heilen von Martha angeht. Er sagt lediglich eine Tatsache. Glaubt nicht meine Freunde, Ihr könnt den Willen Gottes durch eigene Anstrengung beeinflussen. Ihr könnt es wirklich nicht. Gottes Wille ist immer gegenwärtig, überall, für alles und jeden. Es hängt von dem Maße ab, inwieweit der Heiler in diese Selbstverwirklichung eintreten kann, in welchem Ausmaß er das Einssein mit der göttlichen Kraft in jeder Faser seines Seins zu spüren vermag. Der Mensch kann tatsächlich diesen Höchststand erreichen. Es ist höchste Heilungsmethode, die allen Meistern aller Zeiten bekannt war. Diese Art nennen wir Verwirklichung - die Fähigkeit die göttliche Vollkommenheit zu verwirklichen.

Es mag seltsam anmuten, aber wenn Ihr in die Stille geht um kreativ zu sein, dann werdet Ihr die schnellsten Erfolge erzielen, je weniger bemüht Ihr Euch gebt. Viele Menschen glaubten schon, je mehr Anstrengung sie machten, desto schneller und besser müsse das Ergebnis aussehen. Was ist Bewußtsein? Es ist Fühlen und dann Loslassen. Als Beispiel möchte ich Euch etwas ins Gedächtnis rufen, das Ihr alle schon einmal erlebt habt. In einer verwirrten, schwierigen Lage habt Ihr schon manchmal gekämpft bis Ihr schließlich in Verzweiflung aufgabt und sagtet: Ich kann nicht mehr! Im Augenblick, da Ihr aufgabt, mühevoll zu kämpfen, begann das Problem sich zu lösen. Im Augenblick, da Ihr sagtet: „Was soll's, es ist mir egal was geschehen wird", oder wenn Ihr sagtet: „nun wenn ich verhungern soll, werde ich mir keine grauen Haare mehr darüber machen." Dann fingt Ihr an, einen Frieden in Euch zu finden. In seltsam wunderbarer Weise fingen die Probleme an, sich langsam aufzulösen.

Ihr Heiler müßt es aus Eurem Denken bannen, wie alles stattfinden mag. Seid nur darüber gewiß, sprecht den Namen und vergeßt darüber alles, was damit in Zusammenhang stand. Dankt und laßt los. Fühlt die göttliche Kraft durch Euch fließen und laßt los!

Jesus sagte: „Himmel und Erde werden vergehen, aber meine Worte werden nicht vergehen." Jesus erkannte die Vollkommenheit Gottes in der Manifestation - der Manifestation des Wortes. Wenn er ein Wort zur Heilung eines Menschen sprach, sah er nicht die kranke Situation, in der sich der Mensch befand. Er erkannte aber die Verwirrung seines Geistes.
Wenn Ihr wirklich erkennen könnt, was Ihr seid, dann werdet Ihr erfolgreich sein. Es ist einfach, in die Stille zu gehen und den Segen zu empfangen - in die Stille zu gehen und Euer Bewußtsein zu kreiern. Verkrampft Euch dabei jedoch nur nicht, denn Anstrengung und Verkrampfung führen Euch am Weg vorbei. Ihr könnt es nicht forcieren, aber Ihr könnt es herbeiführen. Ein Bauer kann durch bloßen Willen keine Tomate und keinen Kohlkopf zu schnellerem Wachstum anregen. Der Bauer kann jedoch die erforderliche Lage dazu schaffen, damit die Tomate und Kohlkopf wachsen werden. Er setzt die Pflanze und läßt es geschehen.

Und Ihr pflanzt den Steckling oder das Saatgut in Eure Gedanken und laßt die Manifestation geschehen. Sie wird Gestalt annehmen. Versucht aber nicht das Wunder des Wachstums, des Lebens, zu rationalisieren. Ihr versteht es nicht und es wird Euch nicht zum Ziel bringen. Laßt es in Euch geschehen.

Stellt Euch deshalb ganz positiv auf dieser Wunder ein. Sagt, daß Ihr dieses göttliche Bewußtsein erlangen möchtet. Euer Wunsch und Eure positiven Gedanken werden Euch dem Ziel näher bringen. Alles Rationalisieren mit stumpfen Waffen wird Euch nichts nützen, denn erfassen werdet Ihr dieses Wunder niemals. Laßt die göttliche Verwirklichung in Euch wie einen Quell aufspringen. Wenn Ihr versucht, Euch die Schönheit der geistigen Vollkommenheit vorzustellen, dann wird sie eines Tages Gestalt annehmen.

In Eurem Gehirn erschafft Ihr Euch mancherlei Dinge. Es kommt vor, daß Ihr etwas erschafft, um es dann wieder zu zerstören. Jeder Mensch hat seine Träume, baut seine Luftschlösser, hat seine Vorstellungen. Jeder Mensch möchte etwas darstellen, „etwas sein" oder möchte „etwas besitzen." Jedoch das kleine Wörtchen - wenn oder aber - ist immer im Weg.

Ihr denkt: ich möchte gern dies oder das sein, aber es ist schon zu spät. Der göttliche Geist sagt: ich möchte dieses tun. Sofort aber steht das Fehldenken von vielen Jahren auf und sagt: aber ich kann es nicht. Dies verstehe ich unter -nicht analysieren-. Der räsonierende Geist versteht nur was er durch Lernen und Experimentieren erworben hat. Diese Methode transzendiert jedoch das Gebiet des Studiums und Experimentierens. Sie befindet sich oder führt zu den göttlichen Laboratorien der Kreation. Ihr kreiert Gedankenkraft bis zu dem Maße, daß Ihr sie auch verwirklichen könnt durch argumentative Methode oder einfach durch Verwirklichung.

Benutzt immer die positive Aussage der Liebe, dies ist der Grundstein. Baut und sprecht zu Euch davon. Erinnert Euch: Als Jesus von einem Hauptmann um Heilung an seinem Diener angerufen wurde, antwortete Jesus: Gut, ich komme, ihn zu heilen. Der Hauptmann sagte darauf: Herr, ich bin nicht würdig, daß Du eingehst unter mein Dach, aber sprich nur ein Wort, so wird seine Seele gesund. Dieser Hauptmann erkannte in Jesus seine göttliche Autorität. Er wußte, daß Jesus kraft seines Wortes Manifestation herbeiführen konnte. Er sagte nur: sprich nur ein Wort!

Es gibt keine Anstrengung, was die kreative Kraft betrifft. Sprecht sie aus, fühlt sie und laßt los! Freut Euch täglich darüber und laßt Euch überraschen. Denkt an den Bauer mit seinen Tomaten und Kohlköpfen!

Ihr benennt die Dinge in Eurem Leben gut oder schlecht. Die schlechten habt Ihr allerdings nur fälschlicherweise so benannt! Gott will, daß Ihr das Beste und die Fülle habt! Die höchste Methode, das Beste zu bekommen, ist, sich dieses Beste vorzustellen, sprecht es aus, fühlt es und dann laßt los!

Haltet Eure morgendlichen Übungen ein! Bleibt in dieser Redekunst! Laßt es Euch zur Gewohnheit werden. Sein Hauptzweck ist nicht etwa für Maria, Hans oder Bernd oder für einen neuen Mercedes zu beten. Diese Übungen wollen bewirken, daß Ihr das "Neue Zeitalter" in Euch verwirklicht, das Bewußtsein der Wahrheit zu entwickeln, zu vergeistigen. Tut es nicht um materielle Dinge. Wenn Ihr Euch um die geistigen Dinge kümmert, werden Euch auch die materiellen Dinge zufallen .

1. Stellt Euch vor, daß tausende von Menschen zu Euch kommen um Hilfe zu bitten und um die Wahrheit zu erfahren. Mit Hilfe der Engelwelt werdet Ihr ins neue Zeitalter eingehen - stellt Euch darauf ein. Ihr werdet überrascht sein und nach einer Weile wie verwöhnte Kinder sein. Warum auch nicht? Ihr seid alle Prinzen und Prinzessinnen des Königs der Herrlichkeit.

2. Wir wollen, daß diese Übungen nur für besondere geistige Dinge verwendet werden, damit werdet Ihr Menschen anziehen, denen Ihr helfen könnt.

Aktives Bewußtsein ist Geist

Wir wollen jetzt mit einer der wichtigeren Phasen in Eurer Entwicklung beginnen. In den bisherigen Übungen habt Ihr Eure Wünsche kraft Eurer Gedanken gestaltet. Wir gehen jetzt einen Schritt weiter. Als Teil der unendlichen Weisheit sollt Ihr tiefer in das Wissen spirituellen Wachstums und Eurer eigenen Kraft eingeführt werden, um die Wünsche Eures Herzens hervorzubringen.

Zuerst behandeln wir die Fähigkeit zu gestalten (kreiern), die alle Menschen besitzen aber nur wenige verstehen. Die Bibel sagt die Wahrheit: jede Wirkung ist das Resultat einer Ursache. Die Bibel sagt außerdem: des Menschen Geisteskraft ist seine größte Macht. Salomon gibt an: wie der Mensch in seinem Herzen denkt - so ist er. Und Aristoteles bemerkte: unseren Wünschen entsprechend kommen wir zum Ausdruck. Darüber schrieben schon die alten Philosophen, die Bibel, andere religiöse Bücher; aber erst seit den letzten hundert Jahren wird umrissen, wie Ihr die latente Quelle in Euch unterstützen könnt. So haben die Menschen früher die Gesetze, mit denen sie arbeiteten, nie ganz verstanden. Sie handelten, mehr oder weniger, aus blindem Vertrauen. Wunder gab es viele, aber die Ausübenden wußten nicht, was wirklich in ihrem Leben passierte. Deshalb nannten sie sie Wunder.

Ihr müßt die Dreifaltigkeit der Menschennatur und die Dreifaltigkeit des Universums verstehen lernen. Punkt eins: Aktives Bewußtsein ist Geist. Punkt zwei: angenommenes Gesetz ist Mittel für universelle Subjektivität. Punkt drei: Manifestation ist das, was wir Gestaltung (Kreation) oder Formen nennen. Um es klarer auszudrücken: Ihr seid aktives Bewußtsein. Ihr seid auch universelle Subjektivität, durch die alle Menschen miteinander verbunden sind. Das Aktive Bewußtsein arbeitet durch Vermittlung der universellen Subjektivität und erzeugt das, was wir Manifestation nennen. Was bedeutet das in der Metaphysik?

Nehmen wir für einen Moment das Beispiel eines heilenden Praktikers, denn Ihr seid ja Praktiker bzw. lernt es zu werden. Ihr sollt alle begreifen, daß Ihr Praktiker seid, denn Ihr alle benutzt die Kraft in der einen oder anderen Weise. Ein Praktiker, der das Verlangen hat zu gestalten (kreiern) muß zuerst lieben; er muß wünschen zu gestalten. Das ist der erste Schritt: dieses große Verlangen das Wissen und die Kraft zu gebrauchen. Als Praktiker müßt Ihr erkennen, daß Ihr Gestaltung-Schöpfung - nicht erzwingen könnt. Ihr könnt sie nicht willentlich durchsetzen. Denkt daran, daß das universelle Leben in seiner eigenen Natur eine Schöpfung ist. Um Erfolg zu haben, müßt Ihr das notwendige Bewußtsein bereitstellen.

Der Praktiker muß als erster erkennen, daß alles Leben im göttlichen Geist wurzelt; daß alles Leben ewig vereint ein Teil des universellen Lebens ist; da der Geist vereint ist in der universellen Subjektivität; daß alles Leben ein Teil des universellen Bewußtseins ist. Er muß auch erkennen und aus der Tiefe seines Seins glauben, daß der Mensch keine Schöpfung ist um Krankheit, Armut, Mißerfolg, Elend oder Unglückseligkeit auszudrükken oder zu manifestieren. Ihr müßt Euch die göttliche Vollkommenheit vergegenwärtigen ehe Ihr eine Behandlung anwendet. Ehe ein Praktiker andere behandeln kann, muß er sich selbst behandeln.

Wenn Du in der Stille sitzt, konfrontiert mit einem bestimmten Problem, das es zu behandeln gilt, behandle zuerst Dein eigenes Bewußtsein. Erkenne zuerst die Göttliche Vollkommenheit in Dir. Dur erkennst an, daß der Göttliche Geist immer perfekt war. Erinnert Euch an Punkt 1:

Aktives Bewußtsein ist gleich Geist. Alles Sein ist perfekte Wirklichkeit. Das Böse ist nur eine Umkehrung der Göttlichen Vollkommenheit. Wenn das aktive Bewußtsein aufhört das Böse auszudrücken, wird es aufhören eine Manifestation zu sein.

Als Praktiker müßt Ihr zuerst Euern eigenen Geist behandeln, denn Euer Geist ist der gleiche Geist wie in der Person, die leidet oder geplagt ist, oder deren Leben sich in einem Stadium des Aufruhrs befindet. Göttliche Vollkommenheit muß Wissen sein. Euer Inneres muß Euch sagen: „Ich bin göttlich vollkommen. Ich kann Gesundheit ausdrücken. Ich kann Freude ausdrücken. Ich kann Erfolg ausdrücken." Ihr erkennt, daß das die Wirklichkeit ist und daß das, was uns negativ erscheint, die Umkehrung der Göttlichen Vollkommenheit ist. Indem Ihr Euch zuerst behandelt behandelt Ihr auch alle anderen.

Um Euch weiter zu helfen: Während Ihr in der Stille sitzt, um zu behandeln, verschließt Eure Gedanken vor der äußeren Welt um Euch her, und tretet ein in die Stille Eurer eigenen inneren Gedanken. Da erkennt Ihr, was der Mensch wirklich ist; Ihr erkennt was Ihr seid; Ihr wißt Ihr seid göttlich; die ganze Menschheit ist göttlich. Nie dürft Ihr einen negativen Zustand anerkennen. Erinnert Eich: Ihr seid Aktives Bewußtsein! Das Resultat ist Formen und Gestalten, was wir Manifestation nennen.

Jeden Tag praktiziert Ihr das Gesetz der Schöpferischen Kraft. Ihr werdet einen Punkt erreichen, da Ihr mit großer Freude die Perfektion in Euch <u>fühlt</u> und entsprechend wirksam wird Eure Behandlung. Ihr könnt niemanden wirksam behandeln, seid Ihr nicht selbst bewußt überzeugt davon. Nehmt den folgenden Slogan in Euch auf:

Der Praktiker muß den Praktiker behandeln.

Nur wenn Ihr bewußt überzeugt seid, wenn Ihr perfekt seid, wenn Eure Idee perfekt ist, wird das Resultat für den von Euch zu Behandelnden vollkommen sein.
Hier ein einfaches Beispiel:

Franz Walter in Miami, Florida, schreibt an einen Freund in einer anderen Stadt: „Ich leide an Schlaflosigkeit. Ich kann nicht schlafen. Ich möchte, daß Du mit mir arbeitest und mir hilfst, damit ich wieder schlafen kann." Der Freund beginnt den Hilfesuchenden zu behandeln oder für ihn zu kreiern. Die Entfernung spielt keine Rolle, denn jeder einzelne Geist ist ein Teil des einen großen Geistes. Er sagt nicht: „Ich möchte, daß diese Person schlafen kann." Als erstes muß er erkennen, daß im Inneren des Freundes etwas nicht stimmt, da er nicht schlafen kann; nämlich der Seelenfrieden. Er leidet an einer mentalen Blockade, die durch irgendetwas ausgelöst wurde. Er behauptet also nicht, einfach, der Freund wird schlafen. Er sagt: „In Franz Walter ist Frieden." Er beginnt in seinem eigenen Inneren ein Bewußtsein für Franz Walter zu errichten.

Er stellt sich Franz Walter ausgeglichen, friedvoll und glücklich vor. Er bestätigt das Gesetz, welches besagt: Der Mensch ist vollkommen. Er anerkennt Franz Walters göttliche Vollkommenheit. Er erkennt, daß seine Schlaflosigkeit nur das Resultat umgekehrter Göttlicher Perfektion ist. Wenn er das erreicht, weiß er, daß Franz Walters Zustand ein friedvoller ist.

Jetzt werdet Ihr verstehen, warum ein Praktiker einen anderen Praktiker behandeln soll. Denn in dem Maße, wie er das eigene Gefühl für die Vollkommenheit des anderen einbringen kann, wird dieser ihm entgegenkommen können. Ihr tut nichts als die wahre Idee zu gestalten, sie vom Aktiven Bewußtsein durch die Universelle Subjektivität zu formen, und Ihr erhaltet die Manifestation oder die Schöpfung oder die Form, die Ihr in der betreffenden Person errichtet habt. Erzwingt nichts. Sendet keine Gedanken an diese Person. Bewahrt nur das Wissen in Euch.

Ein Mensch mag an Schlaflosigkeit leiden, eine physische Krankheit haben, er mag ein materielles Problem haben: greift immer den Fehler in seinem Denken an, die Göttliche Vollkommenheit erkennend.

Ist ein Empfänger willens und wünscht es, bestimmt er das Resultat der Gedankenumwandlung in seinem Leben. Viele Menschen waren schon Empfänger, sprachen aber von Wundern; jedoch wurde Ihnen nur von anderen geholfen sich in einem perfekten Zustand zu sehen. So kommt es, daß einige Menschen geheilt werden und andere nicht.

Wir erkennen, daß vollkommener Friede, die Freude tief im Herzen, die vollkommene Gesundheit, die Fülle, der Erfolg, das Gleichgewicht, die Zuversicht, die Kraft, daß alle diese positiven Attribute die eigentliche Erbschaft des Menschen sind. Sie sind das eigentliche Ich des Menschen.

Liegt der Mensch bewußtlos auf dem Bett, sein aktives Bewußtsein ist ausgeschaltet durch Schmerz und Leiden, und tritt ein Praktiker hinzu, kann er des Patienten Geist durch Universelle Subjektivität (Universelles Unterbewußtsein) erreichen und ihn veranlassen zu reagieren. Er wird aufwachen zur Erde zurückkehren und geheilt sein. Es gibt keine Entfernung, kein Hindernis, ausgenommen des Praktikers Geist.

Zurück zum Freund von Franz Walter. Nachdem er wie gesagt Franz Walter behandelt hat, sagt er: „Es ist beendet. Franz Walter geht es gut. Er ist vollkommen." Er fühlt Zuversicht. Er hat diese Zuversicht errichtet. Er hat sie nicht erzwungen, er hat ihr erlaubt zu geschehen.

Ihr entwickelt Euch fortwährend. Entwicklung bedeutet Wechsel. Je mehr Ihr erkennt wer und was Ihr seid, desto mehr kann sich der göttliche Zustand in Euch ausdrücken. Bestätigt keine Fehler, denn das gibt Ihnen Leben; selbst das Leugnen gibt ihnen Kraft. Deshalb sagt Jesus:

„....Widersteht keinem Bösen....";

denn zu wiederstehen heißt in Wirklichkeit es zu bestätigen. Indem Ihr Bösem wiedersteht gebt Ihr ihm Macht über Euch.

Die Bibel und andere religiöse Bücher haben diese Dinge berührt, sie gaben aber keine Hinweise für Übungen um damit zu arbeiten. Jedoch vor hundert Jahren etwa brach der Große Geist durch. Er durchflutete viele bedeutende und empfängliche Menschen, die ihre glorreichen wissenschaftlichen und systematischen Studien über die Vorgänge des menschlichen Geistes und deren Anwendung offenlegten. Aber sucht wie Ihr wollt, die eigentlichen Rezepte werdet Ihr nicht finden.

Einige wenige hohe Eingeweihte wußten sie zu gebrauchen, aber sie verstanden es nicht sie an andere weiterzugeben. So rieten die alten Meister, in göttlicher Betrachtung zu sitzen, bis es offenbart wurde.

Durch intensives Wünschen, Verlangen, werdet Ihr erreichen - erhalten. Aber wählt Eure Wünsche sorgfältig! Überprüft diese Verlangen gut!
Macht Euch folgendes klar: ist der Wunsch -das Verlangen-, was Ihr Euch vorstellt göttlich, gibt es keinen Grund, warum Ihr das Ziel nicht erreichen solltet. Erinnert Euch immer wieder an diesen Satz der Wahrheit:

Gott weiß einen Weg, den ich nicht kenne.

Es gibt immer wieder Menschen, die diktieren und festlegen wollen, wie etwas passieren soll. Tut das nicht. Erkennt, daß es bereits Ist. „Der Praktiker muß den Praktiker behandeln." Ihr müßt Eure eigenen Gefühle entwirren. Wenn Ihr sagt: „Ich habe diese Sache", aber gleichzeitig sagt eine kleine Stimme in Euch „Das ist unmöglich", dann ist es wahrhaft unmöglich zu erreichen.

Ein Mann nähert sich der Kirche. Ehe er eintritt, legt er die große Last von seinen Schultern vor der Kirchentür ab. Nach dem Gottesdienst nimmt er das Päckchen wieder auf. So geht es manchen Menschen, die in der Stille etwas kreiern, sich mit halben Herzen versuchen zu überzeugen, daß die Sache für sie existiert, aber während der ganzen Zeit drehen sich die Räder ihres aktiven Bewußtseins. Dieser Irrtum ist ein wunder Punkt bei diesen Menschen und sie werden sehr ärgerlich; denn es betrifft die Wahrheit.

Eine Dame bat schriftlich um Heilung, für ihren Sohn. Die Heilung fand statt. Sie schrieb nochmals, verriß ihre eigene Tochter mit bösen Worten und meinte, er würde ihr nicht helfen können. Der Praktiker antwortete und bat, seine Antwort nicht als Kritik aufzufassen. Er bat die Dame, ihre Tochter so zu sehen, wie sie wirklich war, und sie als hilfreiche Tochter usw. anzusehen - sie würde kein Problem haben. Darauf die Dame: „Ich bin ein Heiler in der Kirche. Ich kenne meine Probleme". Ja, der Praktiker hatte seinen Finger auf die wunde Stelle gelegt.

Das Ego läßt sich nicht gern herabsetzen. Räumten wir das fehlerhafte Ego aus dem Weg, hätten wir den perfekten Menschen. Nur ein wirklich großer Mensch kann sein fehlerhaftes Ego meistern. Zum wiederholten Male prägt Euch ein: *„Ein Praktiker muß den Praktiker behandeln".*

Ihr macht Euch oft Feinde, indem Ihr über die Wahrheit sprecht. Sogar Jesus machte sich Feinde. Er sprach zu seinen Jüngern: „..... seid vorsichtig, wenn alle gut von Euch sprechen." Nur wer nichts tut, macht sich keine Feinde. Er ist der, mit dem er gerade zusammen ist. Ist er mit einem Betrunkenen zusammen, ist er ein lustiger Bursche. Zusammen mit einem Politiker wird er auf dessen Seite sein. Er ruft am lautesten „Amen". Er ist ein Neutra-

ler, ein Niemand. Er macht sich keine Feinde, denn er ist ein Heuchler. Wenn Ihr für Euren Glauben eintretet, wird ein Fehler wie ein bösartiger Hund für Euch reagieren, gegen das, was Euren Glauben zerstören will. Ihr seid in Göttlicher Vollkommenheit. Haltet dieses Bild der Göttlichen Vollkommenheit in Eurem Geist fest.
Eine rachsüchtige Frau erzählte ihrem Priester von den schrecklichen Lügen, die sie über ihn verbreitete, da er sie in der Kirche nicht so handeln ließ, wie sie wollte. Sie weidete sich an dem Bösen, was sie getan hatte und fragte ihn: „Nun, was denken Sie jetzt über mich?". Der Priester antwortete: „Ich denke überhaupt nichts über Sie; ich denke gar nicht an Sie." Solange Ihr Irrtümer, Fehler bestätigt, füttert Ihr sie.

Behaltet Eure Augen auf dem vollkommenen Bild des Göttlichen Lebens. Wenn Ihr im Vater seid, kann Euch nichts schmerzen, nichts verletzen; nichts kann Euch von Eurem Erfolg und von Eurer Glückseligkeit abbringen, nicht so lange Ihr es nicht erlaubt. Steht auf dem Felsen der Wahrheit und laßt die Wellen der Widerwärtigkeit aus Eurem Bewußtsein, aus Eurer Welt fließen.

Wir stehen an der Schwelle zu einem großen spirituellen Zeitalter. Wir kommen jetzt hinein. Ihr verlaßt das alte Fische-Zeitalter voller Irrtümer, Ignoranz, organisierter Religion, Angst und Aberglaube. All das werft Ihr beiseite. Überall werden die Menschen erleuchtet und belehrt. Sie sind hungrig nach der Wahrheit, nach den metaphysischen Gesetzen, die Ihr habt. Ihr habt ihnen eine systematische Wissenschaft anzubieten. Ihr habt eine Philosophie, mit der man arbeiten kann. Sie ist von praktischem Nutzen.

Übung
Steht auf und wacht richtig auf, indem Ihr Euer Gesicht mit etwas kaltem Wasser wascht. Das ist ein Ritual und bedeutet, daß Eure Gedanken gereinigt werden. Dabei denkt Ihr: „Ich wasche hinweg alle fehlerhaften Gedanken des alten Zeitalters, das ich verlasse. Ich reinige mich von allen Gedanken des Fischezeitalters, dessen Irrtum, dessen Angst und dessen Aberglauben. Ich trete ein in das neue Zeitalter mit der Macht der Göttlichen Vollkommenheit."

Nun setzt Euch für etwa 10 Minuten hin und kreiert- gestaltet. Ihr, die Praktiker, beginnt jetzt die Bilder in Euch zu gestalten, so wie Ihr eigentlich seid und von dem wunderschönen Zeitalter; das jetzt kommt, und von dem Ihr ein Teil seid.
Ihr seid Instrumente, um Frieden zu bringen und um dieses Wissen der gesamten Menschheit darzubringen. Außer spiritueller Segnung sollt Ihr nicht behandeln, und diese Bilder sollt Ihr jeden Tag gestalten.

Steht auf, wenn Ihr tiefe Freude und großen Frieden in Euch spürt. Jeden Tag wird das Gefühl stärker in Eurem Leben. Ihr werdet merken, daß Euer Tag viel süßer ist und die Menschen die Ihr trefft werden zu Euch gebracht, damit Ihr von dem Neuen Zeitalter der Wahrheit zu ihnen sprechen könnt.
Ihr müßt keine festgelegten Worte benutzen; denn Ihr praktiziert Metaphysik nicht, wenn Ihr nur lernt Affirmationen wie ein Papagei nachzuplappern. Laßt Eure Gedanken zu einem Gefühl werden, und indem sie als Gefühl aus Euerem Leben fließen, wird die Wirklichkeit sich manifestieren.

Um nochmals zu wiederholen: Sucht Euch einen ruhigen Ort, setzt Euch und beginnt die neue spirituelle Ära zu gestalten. Erlebt das göttliche Gefühl des Eins-Sein mit Gott. Kreiert in Euch eine nützliche Geisthaltung, um Gott und der Engelwelt zu dienen. Indem Ihr das tut, werden Euch im Laufe des Tages Menschen zugeführt die entweder von selbst das Thema des neuen Zeitalters anschneiden, oder die Euch nach besonderen Sinneswahrnehmungen fragen, oder die für Euch die Tür öffnen, damit Ihr ihnen ein paar gutgewählte Worte sagen könnt. Dabei werdet Ihr fühlen, wie Euch der Heilige Geist durchflutet, wie Euch eine kraftvolle Sprache gegeben wird, um so die Menschen, zu denen Ihr sprecht, zu überzeugen. Dieses Bewußtsein in Euch wird sich in ihre Leben übertragen. Auch sie werden empfänglich sein dafür, denn die Welt ist voller Menschen des neuen Zeitalters. Und je mehr Ihr mithelft am Bau des großen Erwachens, desto größer werden die Segnungen in Eurem eignen Leben sein und desto schneller wird das neue Zeitalter kommen. Ihr werdet Friede und große Freude finden. Ihr werdet den Dingen der materiellen oder der fehlerhaften Welt nicht mehr erlauben Euch aus der Fassung zu bringen.

Ihr müßt Euch geistige Bilder ansehen

Ihr müßt kreiern lernen. Ihr müßt erkennen, daß Ihr Euch geistige Bilder setzten müßt für die großen Aufgaben, für die ein jeder von Euch bestimmt ist. Es ist notwendig, daß Ihr an diese wunderbare Arbeit glaubt und ein Teil ihrer seid: neue Kirchen des Neuen Zeitalters werden überall in den Ländern entstehen. Mit täglicher Meditation müßt Ihr diese Projekte bedenken. Mit Euren göttlichen Gedanken der Kreation zieht Ihr Menschen aus Ost, West, Nord und Süd an, Menschen, die Euch die benötigte Hilfe geben werden. Ihr müßt lernen im Überfluß zu kreiern, denn Überfluß in der Atmosphäre ist nötig, um alle diese Dinge zu erreichen. Dies ist Eure Pflicht, denn Ihr seid die Vorläufer des Neuen Zeitalters. Jemand baute Euch ein Nest, jetzt müßt Ihr es zurückgeben und die glorreiche Wahrheit anderen vermitteln.

Ihr kreiert, indem Ihr ein geistiges Bild erstellt, Eure persönlichen Gedanken entlaßt und Wachstum für die Wahrheit des Neuen Zeitalters visualisiert. Ihr seht diese Kirche als wunderschönen Mittelpunkt des Lichtes, von dem aus die leuchtenden Strahlen in alle vier Himmelsrichtungen fließen, die Gleichgültigkeit, die Angst und den Aberglauben durchdringend. Ihr seid ein Teil dieses herrlichen Lichtes und Ihr dient Gott, indem Ihr die Verneinung zerstört für unzählige Tausende der jetzigen Generation und der Generationen, die nach Euch kommen.

Die größte Lehre aller Zeiten war die des Dienens. Eure beste Eigenschaft ist die Fähigkeit anderen zu dienen. Für den göttlichen Plan ist es wichtig, daß Ihr selbstlos dient. Es ist leicht, sich in hohem Maße mit sich selbst zu beschäftigen, andere nicht zu beachten und die Wichtigkeit des spirituellen Lebens zu vergessen. Wenn das passiert, wird das Leben unglücklich und voller Verzweiflung sein, denn Ihr habt Euch erlaubt, nicht mehr nützlich zu sein, Gott und der Menschheit nicht mehr zu dienen und seid somit überflüssig geworden.

Durch des Menschen Dienste wird eine Brücke für die nach ihm kommenden gebaut, eine Brücke in die Welt der Wirklichkeit, eure Brücke Angst, Krankheit, Haß und Böses umspannend, auf der auch andere ins Reich der Wirklichkeit gelangen und ihre törichten Gedanken vernichten können. Nichts ist verdienstvoller, befriedigender, umfassender für das kommende Leben als Dienen. In Wirklichkeit kann nichts passieren ohne daß nicht eine andere Sache berührt wird. Ihr müßt Euch das erschaffen, was Ihr göttliche Vollkommenheit visualisiert: haltet an dem Verlangen fest, damit sich nur das Höchste und Beste manifestiert.

Gehen wir einen Schritt weiter, dann heißt es:

„In Deinem Bewußtsein in Deiner Welt
Aus Deinem Bewußtsein Aus Deiner Welt."

Es wurde gesagt, eine aufkommende Verneinung solle abgewiesen werden. Aber wie kann sie abgewiesen werden, wenn sie in unserem Bewußtsein gar nicht existiert? Eine Verneinung abzuweisen bedeutet gedankliche Zustimmung zu deren Ursprung und Wirklichkeit. Existiert sie weder in Gedanken noch im Bewußtsein, kann man sie nicht zurückweisen. Das ist es, was der Herr meinte als er sagte: Weichet von mir; ich habe Euch noch nie erkannt. Hast Du eine Sache nie gekannt, ist sie kein Teil Deines Bewußtseins; sie zurückzuweisen heißt ihre Existenz zuzugeben. Wir können nicht NICHTS zurückweisen. Außer dem Göttlichen Geist und der Liebe gibt es nichts im Universum. Warum also sollten wir die Illusion anerkennen.

Die Entdeckung der Glühbirne ist eine hervorragende Sache. Ein häßliches Insekt fliegt genau auf die Birne zu, streift sie und fällt betäubt zu Boden. Der Mensch ist wie eine Glühbirne. Die pulsierende Energie in ihm ist der Göttliche Geist des Vaters. Sowie das Licht erstrahlt, wird das Insekt Verneinung durch den Strahlenglanz, der den Menschen umgibt, geblendet und stürzt. In dem Moment, in dem das Licht (die Präsenz) in einem Menschen erlischt, hat er das Böse in seinem Leben anerkannt und angenommen.

An der Verneinung festhalten und sie bestätigen heißt an das Böse zu glauben, was man doch eigentlich überwinden möchte. Laßt sie gehen, entlaßt sie aus Euren Gedanken, sie wird im göttlichen Staub verschwinden, und ein vollkommeneres Bild kann in Eurem Geist zu mAusdruck kommen.

Ihr könnt Schönheit, Begeisterung, Freude, Friede, Liebe und Arbeit erreichen. Ihr dürft Eurem Bewußtsein nicht erlauben, sich mit einer bildhaften Illusion zu befassen, die Ihr Euch vorstellt aber keine Wirklichkeit ist. Ein Spiegel reflektiert eines Menschen Image. Ist dieses Image im Spiegel Wirklichkeit? Sieht er es nicht, hört es auf zu existieren, denn es ist nur eine Reflektion in seinem Denken. Es ist nicht Wirklichkeit. Ist eine Mißgestaltung eine Wirklichkeit? Wenn Ihr das Wirklichkeitsbewußtsein, das Christus-Bewußtsein, erreicht habt, wird die Mißgestaltung aufhören zu existieren. Durch Übung werdet Ihr das erreichen. Was nicht bedeutet, daß ihr nur etwas verlangen müßtet, um es auch gleich zu bekommen. Durch tägliche Übung, und wenn Ihr willens seid, Euren Teil zu übernehmen, könnt Ihr die vollkommene Manifestation in Eurem Bewußtsein erstellen. Das müßt Ihr durch eigene Anstrengung erreichen.

Erfüllt Euren Geist mit der vollkommenen Manifestation und für Sorgen, Angst, Haß und andere Illusionen bleibt kein Platz. Beginnt, Euch Eurer eigenen inneren Göttlichkeit bewußt zu werden, begreift sie - dann werdet Ihr Eure Fähigkeit, eine vollständige Vorstellung zum Ausdruck zu bringen, erkennen, anerkennen. Anerkennung bringt Euch die Manifestation des Überbewußtseins in Euer Leben. Das Überbewußtsein (das göttliche Selbst) wünscht es für jeden von Euch zu tun, Eure Anerkennung erwartend. Es ist so einfach und Jesus sagte, daß nicht einmal kleine Kinder darin versagen würden. Ihr stolpert immer wieder, denn Eure Versuche sind so anstrengend - dabei ist es nur notwendig, die Wirklichkeit zu erkennen und anzuerkennen.

Euch wurden viele verschiedene Methoden als Hilfe zur Erlangung des Überbewußtsein gegeben. Sie sind unterschiedlich und passen sich damit Eurem individuellen Wissensstand an. Ihr müßt begreifen, daß dieses Erdenleben, um das Ihr Euch so sorgt, nur ein Bruchteil einer Sekunde in der Ewigkeit bedeutet. Entlaßt die Verneinung aus Euren Gedanken, denn so lange Ihr sie in Eurem Bewußtsein haltet bleibt sie Wirklichkeit, auch wenn sie nur Illusion ist.

Ihr müßt in Eurem Bewußtsein die göttliche Vollkommenheit erreichen, um wie Jesus sagen zu können: Ich habe euch nie gekannt. Es ist durchaus möglich in diesem hohen Bewußtsein zu leben, so daß die niedrigeren Gesetze keine Gewalt über Euch haben, und Ihr Euch erheben könnt in einen Zustand der Gnade, wie ihn Paulus schon erwähnt hat. Gnade ist dieser wunderbare Zustand des Einsseins mit Gott, indem alles vollkommen wird. Ihr erarbeitet ihn Euch in Phasen, ähnlich wie Ebbe und Flut. Jedesmal erkennt Ihr mehr und erlangt ein beständigeres Bewußtsein, in dem Ihr fortwährend leben könnt. Vernachlässigt aber dadurch nicht die alltäglichen Probleme Eures Lebens. Jesus hätte seine Jünger nicht herausgefordert, wenn sie nicht in der Lage gewesen wären, diese Herausforderung zu erfüllen. Man könnte sagen, Jesus erlangte diesen Zustand der Gnade, dieses Bewußtsein, da er von Gott kam; aber ER sagte das keineswegs, sondern sagte ER: „Darum sollt ihr vollkommen sein gleich wie eurer Vater im Himmel vollkommen ist." (Matthäus 5:48) Der Himmel wohnt in den Menschen und der Vater ist das göttliche Bewußtsein. Versuchst Du vollkommen zu sein, bist Du vollkommen. Die Vollkommenheit muß erkannt werden, sie ist schon da.

Die Menschen glauben, Jesus vollbrachte Wunder. Das stimmt nicht. Er brachte zum Ausdruck was schon war. Wenn man in Illusionen lebt denkt man, das Jesu' Taten ungewöhnlich waren, was gar nicht stimmt. Göttliche Vollkommenheit ist Manifestation; so konnte Jesus Wasser zu Wein machen, so sah er auch den Lahmen in göttlicher Vollkommenheit, und dessen Mißgestaltungen hörten auf zu existieren, denn in Wirklichkeit hat es sie nie gegeben. Nur in der kreierten Vorstellung dieses Mannes existierten sie. Als Jesus ihm die Schuppen von den Augen nahm, konnte auch er die Wirklichkeit sehen.

Die Zerrspiegel machen uns die Verdrehung unseres Images deutlich: sie lassen uns lang, dünn, klein oder dick erscheinen. Diese Bilder entsprechen nicht der Wirklichkeit. Ist es nicht einfacher in reiner Wonne und Glückseligkeit zu leben, als sich um Probleme zu ängstigen und zu ärgern? Wenn wir uns sorgen erreichen wir nichts. Es macht die Dinge nur schlimmer. Wir mögen uns fragen: „Werden wir es nie schaffen, keine negativen Gedanken mehr zu haben?" Wir werden mit Gedanken bombardiert, auch mit Gedanken aus Etheria, die niedrige Schwingungen haben. Sind unsere göttlichen Gedanken stark genug, schieben sie die negativen Gedanken völlig beiseite.

Ein Mann, der von einem Gebäude gestoßen wird, ist viel zu sehr damit beschäftigt, wie er sein Leben retten kann, als daß er an andere Dinge denken könnte. Wenn man versteinert ist vor Angst, wie beim Ertrinken, hat man nur einen Gedanken - wie kann ich Luft holen? Man denkt nicht an unbezahlte Rechnungen oder an jemanden, der unfreundlich zu einem war. Man denkt nicht darüber nach, ob man Heiliger oder Sünder ist. Alles, woran man denkt ist - wie bekomme ich Luft. Wenn der göttliche Gedanke kraftvoll in unserem Bewußtsein ist, werden alle anderen Dinge zur Seite geschoben. Es ist wichtig für uns, daß wir uns mit positiven Gefühlen und Ideen umgeben. Dann kann die Verneinung verschwinden. Wir dürfen uns jedoch nicht so weit von der Welt lösen, daß wir im göttlichen Samadhi (Überbewußtsein, erlangt durch Yoga) verweilen. Dieses göttliche Bewußtsein können wir auf wunderbare Weise in unser Leben einfließen lassen. Das Leben gibt uns Erfahrungen, sonst wären wir nicht hier. Die Verantwortungen in diesem Leben dürfen wir nicht vernachlässigen, wir müssen sie mit unserem göttlichen Bewußtsein betrachten und wissen, daß jede Erfahrung eine Progression bedeutet. Evolution und Wachstum werden erreicht, indem wir eine Rechnung bezahlen, ein Kind gebären, ein Kind großziehen. All das wird uns als Teil unseres Seelenwachstums gegeben, wir sollten ihm mit dem Christusbewußtsein begegnen. Wir müssen nur wissen: „Ich bin vollkommen; daher ist jede Manifestation vollkommen.

Sucht nicht nach Manifestationen, denn das wäre ein Fehler. Wenn wir die Wirklichkeit in uns erkennen fühlen wir große Freude; wir hören ein Lachen tief in unserem Innern. Im Bewußtsein der Wirklichkeit zu leben bedeutet wundervollen Frieden. Das meinte Jesus, als er sagte: „Ihr müsset von neuem geboren werden." (Johannes 3:7). Die Wiedergeburt ist das Erkennen des göttlichen Selbst. Die Menschen werden seit tausenden von Jahren dahingehend eingeweiht. Es ist nichts neues - Petrus, Paulus, all die anderen Apostel und deren Nachfolger verstanden diese tiefen Lehren. Petrus faßte zusammen, indem er sagte: „.....und werdet Euch freuen mit unaussprechlicher und herrlicher Freude." (1. Petrus, 1:8). Sie kannten nur das göttliche Bewußtsein, aber nicht das, was nicht existierte.

Eurem Fortschreiten sind keine Grenzen gesetzt. Dies ist die Lehre, die wunderschöne Geistwesen vor vielen Jahren den Menschen auf Erden gebracht haben, indem sie sagten: „.....der Geist des Menschen wird fortschreiten und sich entfalten durch alle Ewigkeit". Das bedeutet nicht morgen, nicht in hundert, tausend oder einer Million Jahren. Der Mensch ist ewig, warum sollte er also diesem wechselhaften Traum - Erdenleben genannt - Glauben schenken? Erwachet von Eurem bösen Traum und seht die Wirklichkeit, und die Wirkungen des Traumes werden sich auflösen und aus Eurem Leben verschwinden.

Vorbereitung für die Übung

Bereitet Euren eignen privaten Altar vor, vielleicht auf einem kleinen Tisch mit einem bequemen Stuhl davor. Die Entfernung vom Spiegel soll so sein, daß Ihr klar Kopf und Schultern erkennt. Die Kerzenhalter stellt rechts und links vom Spiegel auf, etwas nach vorn gerückt, so daß auch sie im Spiegel zu sehen sind. Bei brennenden Kerzen könnt Ihr also Euch selbst zusammen mit den Kerzen sehen. Setzt Euch in entspannter Haltung vor Euren Altar und konzentriert Euch.

Plant diese Übung im voraus, damit Ihr nicht von einem Familienmitglied gestört werdet. Die besten Resultate erreicht Ihr abends ab 21 Uhr. Sollte der Morgen für Euch passender sein, versucht das Zimmer abzudunkeln, so daß so wenig Licht wie möglich eindringt.

Stellt Euch mindestens zwölf Stunden vorher geistig auf diese Übung ein. Das könnt Ihr erreichen, indem Ihr sehr ruhig werdet und Eure Gedanken nach innen richtet. Sagt: „Zu der und der Zeit werde ich die Spiegelübung abhalten, und ich lasse die Präsenz zur Führung ein, um mit mir zu sein und mir bei der Arbeit zu helfen." Wiederholt diese Bitte verschiedene Male am Tage, um Euch bester Resultate aus der Übung zu versichern. Euer Verlangen und Eure Liebe für die göttliche Präsenz bestimmt in hohem Maße die Wirkung, die die Übung auf Euer Leben hat.

Dennoch, jeder von Euch erhält Nutzen daraus, niemand wird mit leeren Händen abgewiesen.

Übung

Wenn die Zeit zur Übung kommt, laßt alles fallen, wascht Euer Gesicht und Hände in kaltem Wasser als symbolische Reinigung und sagt in Gedanken: „Durch die symbolische Reinigung meines Körpers bereite ich mich auf die Präsenz vor." Trockne Gesicht und Hände ab und zieh Dich in den Raum, den Du für die Übung gewählt hast, zurück. Schließ die Tür und denke: „Ich schließe die Welt aus, um allein in der Präsenz zu sein."
Setz' Dich nun vor den Spiegel. Eine kleine Lampe darf brennen; Du mußt sie aber von Deiner jetzigen Position aus ausschalten können, wenn die Kerzen angezündet sind. Die Füße stehen flach auf dem Boden. Atme tief ein, bis sich die Lungen gefüllt haben, dann halte den Atem für einen Moment an, ehe Du wieder ausatmest. Tu dies für drei bis fünf Minuten. Jetzt zünde die rechte Kerze an und sage:„Dieses Licht symbolisiert das große Licht des Universums, welches die Dunkelheit vertreibt und den Geist des Menschen erleuchtet." Konzentriere Dich für einige Augenblicke auf die Kerzenflamme und denke an das Licht der Wahrheit, das Dir offenbart werden wird. Nun zünde die andere Kerze an und wiederhole:„Dem Licht wird noch mehr Licht gegeben, bis das Universum in Erleuchtung erstrahlt."

Sitz ruhig und betrachte Dein Spiegelbild. Schalte die Lampe aus, so daß die Kerzen die einzige Beleuchtung im Raum sind. Sieh' Dir Dein Gesicht für ein paar Minuten an atme tief, und nach einer kleinen Weile wird Dir schwindlig werden. In Gedanken oder leise flüsternd sag: „Ich werde mein wahres Selbst erblicken, so wie ich wirklich bin, so wie ich mich gemacht habe." Fahre fort Dich zu entspannen und konzentriere Dich auf Dein Spiegelbild.

Wenn Du Dein Erlebnis erhälst, was immer es sein mag, beende die Übung, indem Du sagst: „Ich bin dankbar für das Erlebnis (die Erfahrung), welches mir die Präsenz gebracht hat." Lösche die Kerzen räume den Altar ab und lege alle Dinge weg, damit keine neugierigen Augen Eure Arbeit in Frage stellen können.

Eure Erfahrungen werden unterschiedlich sein, sie hängen vom Verlangen, Glauben und Fortschritt eines jeden einzelnen von Euch ab. Wollt Ihr die Übung wiederholen, so trefft dieselben Vorbereitungen. Am wichtigsten ist, daß Ihr Eure Altar-Arbeit streng privat haltet; Ihr dürft auch nicht Euren Nächsten davon erzählen; deren negative Gedanken werden sonst Eure Arbeit stören.

Ihr solltet die Ergebnisse Eurer Übungen mit Datum versehen und aufschreiben. Ihr werdet den Fortschritt bemerken, den Ihr im Laufe der Zeit machen werdet. Am Anfang wird es schwer sein, das, was Ihr fühlt und seht in Worte zu fassen, aber versucht es so gut Ihr könnt. Auch das wird mit der Zeit leichter werden.

Realität oder Illusion

Reden wir über die Begriffe Manifestation und Bewußtsein, wird gesagt, daß eine Manifestation über unseren Verstand registriert wird. Was uns über unsere Körpersinne erreicht, nennt sich Manifestation; jedoch sind diese Manifestationen in keiner Weise Wirklichkeit. Das ist schwer zu verstehen, denn seit Ewigkeiten wird dem Menschen gelehrt nur das zu glauben. was er sieht. Aber was das menschliche Auge sieht ist Täuschung (Illusion). Alle Dinge sind in einem Zustand der Manifestation; sie manifestieren sich nur so lange sie vom Bewußtsein festgehalten werden. Jeder Zustand und jeder Umstand hört auf zu existieren, sobald er vom Bewußtsein freigegeben ist.

Schon vom ersten Moment einer Manifestation an ist ihr bestimmt sich aufzulösen. Es gibt keine permanente Manifestation in der Welt. Manifestation ist eine Reflektion oder ein Schatten der Lebensessenz oder des Geistes oder der Wirklichkeit. Da das die Wahrheit ist, kann ein Schatten oft täuschen, denn die Länge und Tiefe des Schattens eines Menschen hängt von den Sonnenstrahlen ab. Sieht man den Schatten, aber nicht die Person, die ihn wirft, bekommt man eine irrige Vorstellung von der Größe und Erscheinung dieser Person.

Wenn man also feststellt, daß die Manifestation die Reflektion des Geistes ist und man bedenkt, daß sich die verschiedenen Manifestationen oft so festsetzen, wie sie unser Bewußtsein registriert, wird man in der Tat erkennen, daß Manifestation eine Illusion ist. Es ist, als ob man durch einen getrübten Spiegel sieht und nur einen Teil davon erblickt was jenseits von einem ist. (1. Korinther 13:12).

Wie können wir das nun für uns persönlich anwenden? Wenn wir im wahren Bewußtsein leben, erhalten wir die Wirklichkeit. Krankheit und Schwierigkeiten sind Manifestationen und manifestieren sich nur so lange, wie sie in unserem Bewußtsein halten. Geben wir sie frei, hören sie auf zu sein.

Der Herr gab uns das Christus-Bewußtsein, schenkte uns einen Glauben von göttlichem Rang und göttlicher Vollkommenheit. Wo immer dieser Glaube, dieses Bewußtsein mit der Illusion von Krankheit und Gebrechen zusammentraf, wurde diese Verneinung zerschmettert und aufgelöst. Das geschah, da unser großer Lehrer im Bewußtsein des wahren Lebens lebte.

Was ist Leben? Leben ist Wirklichkeit, die göttliche Essenz hinter der Manifestation, denn, wie vorher gesagt, Manifestation ist nur das, was man sich im Bewußtsein bewußt macht. Es gibt viele tausend Bewußtseinsstufen in der Welt; von der niedrigsten Wahrnehmung über das Erfassen, was wirklich ist, bis hin zu dem, was wir Christus-Bewußtsein nennen. Nochmals, Bewußtsein ist die Klarheit, die man erreicht über seine eigentliche und wirkliche Identität. Alle niedrigeren Ebenen werden von den Täuschungen der Manifestation bestimmt.
Nur der Mensch, der das Leben Gottes oder das Gottesleben in sich selbst betrachtet und zu einem Glauben nach göttlicher Ordnung und nach göttlichem Plan gelangt, wird in seinem Bewußtsein das korrekte Bild halten und wird nicht erlauben, daß sich die Illusion in seinem Bewußtsein manifestiert.

Wenn Jesus einen Menschen mit empfänglichem Geist fand, war es leicht für ihn mit seinem Christus-Bewußtsein ein perfektes Bewußtsein in diesen Menschen zu pflanzen. Er half somit diesem Menschen, sein Leben der Täuschung, Blindheit, Krankheit und anderer Pein zu überwinden, indem er ihm zum Christus-Bewußtsein oder zur Erkenntnis der Wirklichkeit anstelle von Illusion verhalf.
So lange man die Manifestation seines Körpers in bewußter Übereinstimmung mit dem Leben hält (dem inneren göttlichen Leben), werden sich die alternden Effekte des Körpers nicht zeigen. Vielen von Euch fällt es schwer, diese schwierige Feststellung zu begreifen. Solange unser Bewußtsein die Manifestation im Einklang mit der Kraft Gottes hält, so lange wird diese Manifestation mehr der Wirklichkeit entsprechen als der Illusion. Alles scheint sich zu manifestieren, aber wir erkennen nicht immer, was sich hinter einer Manifestation verbirgt. Hier wurde der Mensch getäuscht. Die Weisheit der Ewigkeit wird dem Menschen nur durch Erlangung des Christus-Bewußtsein zuteil.

All das mag widersprüchlich klingen. Aber wird man sich seines Glaubens in seiner Göttlichkeit bewußt und bringt ihn zum Ausdruck, beginnt der Geist Christi zu arbeiten und die Manifestation der Umwelt, des Körpers, beginnen sich in eigentlicher Realität zu zeigen. Dabei hat sich unsere Umgebung nicht geändert, sondern die Manifestation in unserem Bewußtsein. Die Manifestation selbst war immer von göttlicher Perfektion. Läßt der Mensch von den niederen Gesetzen der Erde ab und weigert sich, sich durch sie versklaven zu lassen, beginnt er sich im Höheren Bewußtsein (Geist Christi) zu bewegen und wird dann erkennen, wie einfach alles ist.

„Aus meinem Bewußtsein, aus meiner Welt
-in meinem Bewußtsein, in meiner Welt".

Das bedeutet, daß alle Dinge sich nur auf das Bewußtsein beziehen. die metaphysischen Gesetze besagen, daß alle Dinge eins sind, und daß sie nur Manifestationen in Übereinstimmung mit ihrer Realisierung sind. Wie herrlich und ganz einfach wunderbar ist es, wenn solche Manifestationen freigesetzt werden, und der Mensch in Frieden des wahren Geistes Christi verharren kann. Es wird gesagt, daß Gott den Menschen aus Staub schuf und ihn mit einer Seele versah. Der Staub ist der veränderliche Teil der Manifestation. Er ist die Täuschung über die Wirklichkeit, aber die Wirklichkeit der Seele ist keine Illusion.

Ein großer Trost liegt in der Bestätigung: „Auch das wird vorübergehen." Eine Manifestation bleibt nur bestehen, so lange sie vom Bewußtsein festgehalten wird. Wir müssen uns zwingen, das vermeintlich existierende Negative durch positives Denken zu ersetzen. Erlangen wir jedoch ein vollständiges Bewußtsein in unserem Leben, können wir Realität und Illusion unterscheiden; wird es leicht sein über die Manifestation hinaus ein vollkommenes, kraftvolles Leben zu erblicken.

Der Mensch muß lernen, Manifestationen aus seinem Bewußtsein zu streichen, die nicht im Einklang mit dem höchsten perfekten Plan, nämlich dem Geist Christi oder dem Christus-Bewußtsein, sind. Jesus erlebte und handelte in diesem Bewußtsein. Deshalb passierten in seiner Nähe wie es schien übernatürliche Dinge. Die sogenannten Wunder passieren nicht, um die Neugierigen oder die Skeptiker zufrieden zu stellen. Wo Not offenkundig wird, manifestieren sie sich mit Leichtigkeit und Selbstverständlichkeit. Das Gegenteil von Wunder heißt Illusion.

Des Menschen Dasein basiert in Gott, und wenn er in der Präsenz Gottes bleibt, kann er dieses Bewußtsein als ihn umgebende Atmosphäre betrachten, die die göttliche Wahrheit ist. Erkennt die Wahrheit jeden Tag erneut an, akzeptiert sie als einen realen Teil Eures Lebens, so werdet Ihr in ihr wohnen und eines Tages wie Moses gegen den Felsen schlagen, und die Fluten der Wirklichkeit werden herausstürzen. Die trockene Wüste ist die Illusion. Habt Ihr den göttlichen Zustand der Wirklichkeit erreicht, erscheinen alle negativen Einflüsse als null und nichtig, denn sie existieren nicht.

Es ist ein Unterschied, ob wir uns in der Helligkeit unserer Gedanken bewegen oder in einer von Menschen gemachten Hölle auf Erden leben. Des Menschen Idee oder Auffassung einer Manifestation, seine Definition einer jeden Manifestation wird zur Hölle, wenn er für das Christus-Bewußtsein noch nicht fertig ist. Menschen, die ihr Leben um materielle Dinge gebaut haben, werden es eines Tages zerstört sehen. Wenn das passiert, wird ihr Sturz aus dem Glashaus, das sie sich gebaut haben, tief sein. Der Mensch, der das hohe Bewußtsein im Geiste Christi erreicht hat wird mit allem fertig und (er) blickt dahinter.........
DIE WIRKLICHKEIT.

Übung zur Erlangung des Realitätsbewußtsein
Steckt die folgende Feststellung an Euren Spiegel:

> *„In meinem Bewußtsein, in meiner Welt,*
> *aus meinem Bewußtsein, aus meiner Welt!"*

Sprich dies jeden Tag bis es ein Teil Deiner selbst ist, bis es glühende Wahrheit für Dich ist - eine wahre Manifestation Deines Bewußtseins. Visualisiere Dich selbst in der höheren Sphäre der göttlichen Welt. Und was immer Dein Problem war, welche Manifestation Du auch immer in Deinem Bewußtsein akzeptiert hast, sieh Dich jetzt in dieser göttlichen Sphäre, umgeben von einem funkelnden Licht, wo immer Du auch hingehst.

Steh zu der Manifestation oder Illusion, die Du hattest; egal, ob sie Krankheit, häusliche Dinge, materielle Dinge, ein unfreundliches Wort oder etwas anderes betraf. Stell Dir vor, daß alles noch einmal passiert.Während Du das Negative erlebst, wird es in das weiße Licht der Dich umgebenden Atmosphäre gehüllt. Es wird sich verändern. Es wird nicht länger vorhanden sein. Das Gegenteil - die Wirklichkeit - wird seinen Platz einnehmen. Erkenne ruhig, daß das die Wirklichkeit ist und sage: „Ich löse auf die alte Manifestation in meinem Bewußtsein."

Visualisiere dies jeden Tag, anerkenne nur das Christusbewußtsein. Lebe in dieser Sphäre. Erlaube keiner falschen Manifestation sich zu zeigen. Du weißt, sie vergeht wieder, sie ist nichts und war von Anfang an keine wahre Manifestation. Wenn sie aufhört sich in Deinem Bewußtsein zu halten, hört sie auf sich in Deiner Welt zu manifestieren. Bedenkt: Die Übungen sind sehr wichtig, egal ob Ihr sie vollständig begreift oder nicht. Übt und Euer Verständnis wird wachsen.

Das Leben eines jeden Menschen läuft nach einem bestimmten Muster ab

Gebet zur Heilung

Oh, unendlicher großer Geist,
Quelle aller Liebe und allen Lichtes,
wir kommen zusammen mit allen Kindern Gottes dieser Erde,
um für jeden einzelnen Menschen,
dessen Name in die ätherische Atmosphäre gerufen wurde,
ein perfektes Bild der Gesundheit zu erschaffen.
Wir kommen zusammen in unserem Vertrauen, unserem Glauben,
geheilt in diesem Moment von allen Krankheiten,
von allen körperlichen und geistigen Gebrechen.
Vor allem wissen wir, daß ihr gedankliches Fortschreiten
durch die Wahrheit erleuchtet wird, so daß sie die Wirklichkeit
verstehen und die Verneinung ablehnen.
Wir vereinigen unsere Gedanken im Namen der Präsenz.

Der göttliche Plan

Dr. Robinson sagte, daß der Mensch mit dem über allem stehenden Geist Gottes verbunden ist. Weil das so ist, können Menschen Gedanken hegen, die in der Vergangenheit schon von anderen gedacht wurden. Das bedeutet, wir können noch Freude oder erhabene Gefühle verspüren, die einmal ein Heiliger fühlte oder erlebte. Wir nennen das den universellen Geist, sind in Kontakt oder erleben die Präsenz. Einige werden sagen, es sei als ob man in der Akasha Chronik liest. Es gibt verschiedene Interpretationen, aber grundlegend ist alles gleich. Alle Weisheit, alle Kenntnis über die Ewigkeit kann Teil Deiner Gedanken werden, wenn Du nur die große Quelle des Lebens antippst.

Die alten Griechen lehrten eine Philosophie, die dem was Ihr heute glaubt, sehr ähnlich ist. Nämlich, daß das Leben eines jeden Menschen nach einem bestimmten Muster abläuft. Ist er im Einklang mit diesem Plan (Muster), wird sein Leben erfolgreich und glücklich sein. Wenn er es nicht schafft, in Harmonie mit seinem individuellen Plan zu gehen, wird sein Leben erfüllt von Verwirrtheit und Unglückseligkeit. Für jedes Individuum gibt es ein göttliches Ideal, einen Plan oder einen Entwurf. Die Griechen nannten es den Archetyp, Ihr könnt es den Entwurf des Archetyp nennen. Er ist der Archetyp des Lichtes. Wenn Ihr in Übereinstimmung mit einem göttlichen Muster oder Gegenpart lebt, wird es für Erfolg in Eurem jetzigen Leben keine Grenzen geben. Ebenso lehrten die Griechen, daß der Mensch aus einem ganz bestimmten Grund hierherkommt - nämlich sich selbst kennen zu lernen. Der Mensch muß sich kennen, um sich seines Archetyps oder seines göttlichen Planes sicher zu sein.

Wir bauen harmonische Schwingungen auf, wenn wir unseren Plan und seine göttliche Vollkommenheit erkennen. In Eurem jetzigen Zustand könnt Ihr Euch noch nicht vorstellen, was Ihr in göttlicher Vollkommenheit sein werdet. Jedoch könnt ihr schon jetzt erkennen, daß dieser göttliche Plan existiert. Im selben Augenblick, in dem Ihr das erkennt, beginnt Ihr die notwendigen Elemente anzuziehen, um ein vollkommenes Ebenbild Eures Lebensplanes herzustellen, und bald beginnt es sich zu manifestieren. Man könnte sagen, diese Muster (Plan) ist ähnlich einer anderen Persönlichkeit, aber es ist doch nicht so . Wenn Ihr dem Plan oder Eurem Höheren Selbst gehorcht, seid Ihr glücklich und erfolgreich; tut Ihr es nicht seid Ihr unglücklich, denn Ihr verletzt die Gesetze der Harmonie oder den Kontakt zwischen »Es« und Euch.
Die Griechen lehrten, daß das Ebenbild oder Muster in Euch nichts mit „Gut" oder „Böse" zu tun hat. Es ist nur notwendig, daß man in Harmonie mit ihm ist. Gibt es „Gut" oder „Böse"? Eines von beiden zuzugeben hieße die Allmacht Gottes verleugnen. Wenn wir sagen Gott ist allmächtig, meinen wir Er ist die Kraft. Legen wir Gewicht auf irgendwelche anderen Dinge, leugnen wir Gottes Mächtigkeit und hier auch zieht der buchstäblich persönliche Teufel den Kürzeren. Verschiedene christliche Lehren besagen: Gott ist allmächtig. Im selben Atemzug aber sagen sie, der Teufel besitzt auch Macht. Wenn Gott allmächtig ist, gibt es keine andere Macht außer der, die von Gott selbst kommt. Dann kann es das Böse nicht geben. Es besteht nicht einmal ein Mangel an Gutem. Es wird lediglich das natürliche Gesetz verletzt, denn der Mensch ist nicht in Harmonie mit seinem göttlichen Plan; der einzelne Mensch nicht, ganze Rassen nicht, sogar ganze Länder nicht.

Jeder von Euch sucht nach Erkenntnissen. Du wirst sie nur erhalten, wenn Du Dich nicht in Illusionen verlierst. Du wirst Erkenntnisse erlangen, wenn die Erkenntnis für Dich erkennbar geworden ist. Das alles klingt sehr zwiespältig, aber es ist wahr. Wir kommen zurück auf unsere einfache Grundregel: „In meinem Bewußtsein, in meiner Welt, aus meinem Bewußtsein, aus meiner Welt". In dem Moment, in dem Du Dich über die Illusion erhebst hin zur glorreichen Wirklichkeit der Wahrheit, löst sich die Illusion, auf, denn sie ist nicht länger Teil Deiner Gedanken, nicht mehr in Dir manifestiert. Sie ist also nur so lange in Dir festgelegt, so lange sie in Deinem Bewußtsein ist. Begreifst Du das, kannst Du so erfolgreich sein wie Du es Dir wünschst, so wie Du es Dir vorstellen kannst. Stellst Du Dir also etwas Bestimmtes vor wirst Du es realisieren können, denn es ist in Deinem Bewußtsein. Je bewußter Dir der Plan wird, desto mehr kann er zur Wirklichkeit werden.

Wie viele haben die Vorstellung eines Ebenbildes, eines Musters? Hast Du schon Dein Ebenbild gestaltet? Hast Du wirklich schon das erreicht, was Du im Leben erreichen wolltest? Weißt Du was Du willst? Es ist schon merkwürdig: Was Du heute noch möchtest, möchtest Du morgen schon nicht mehr. Aber hast Du etwas erreicht, wirst Du merken, daß Du zu einem noch größeren Ebenbild geführt wirst. Dies wird Dir nur gegeben, damit Du verschiedene Erfahrungen während Deines Erdendaseins machen kannst. Grundsätzlich sollte es jedem möglich sein, das Göttliche in sich zum Ausdruck zu bringen. Das ist die Grundvoraussetzung für Wachstum und Vollendung.
Du sagst z.B., unter bestimmten Voraussetzungen könntest Du heute reich und erfolgreich sein. Damit machst Du es Dir zu einfach. Was machst Du heute mit Deinen Möglichkeiten? Wirst Du nächstes Jahr nicht zurückblicken und sagen: „Damals waren meine Möglichkeiten ganz ausgezeichnet!"

Beginne jetzt etwas zu tun. Mach Dir klar was Du wirklich willst! Einige von Euch, mit der Hilfe aus der Engelwelt, verspüren den dringenden Wunsch diese Arbeit so auszuweiten, daß sie von Euch als Vorbilder angesehen werden. Ihr werdet Eure Ebenbilder erschaffen zum Ruhme der Wahrheit; einige werden heilen, andere werden als Priester dienen oder in einem spirituellen Büro mitarbeiten. Wieder andere führen ganz einfach ein gutes Leben und sind somit nützlich und hilfreich beim Bau des Königreiches auf Erden. Wie immer Dein Ebenbild sein mag, versuche mit Entschlossenheit daran festzuhalten.

Wie kommt es, daß jemand, der sich in den Kopf gesetzt hat zu Geld zu kommen, eines Tages auch wirklich reich sein wird? Es ist sein Ziel und er macht keine Umwege. Ein Mann, der den Wunsch hat, seinen Körper zu stählen, hart daran arbeitet und eisernen Willen besitzt, wird vielleicht eines Tages Mr. America oder Mr. Universum sein. Wir ersehen daraus, daß die Identifizierung mit unserem Ebenbild zu Erfolg führt. Einige errichten nur materielle Ziele. Ein Mann z.B. beginnt als kleiner Angestellter bei einer Bank. Er stellt sich vor, daß er eines Tages Präsident einer großen Bank sein wird. Er arbeitet Tag und Nacht. Eines Tages ist dieser Mann tatsächlich Präsident. Er ließ nichts und niemanden dazwischen kommen. Er hat sich keine Entschuldigung erlaubt. Wenn es schwer wurde, kämpfte er umso stärker. So werden wir es schaffen! So erstellen wir für uns das Ziel, das wir so gern erreichen möchten. Schreib auf, was Du wirklich willst. Einige von Euch schwimmen ziellos auf den Wellen des Lebens. Einige von Euch sind zu sehr damit beschäftigt ihren Unterhalt zu verdienen. Ihr denkt viel zu wenig an das Morgen, da Ihr mit dem Heute so beschäftigt seid. Das ist allgemeingültig für die ganze Menschheit. Auf diese Weise baut man sich kein Vorbild. Die Zeit vergeht und eines Tages wirst Du merken, daß Dein physischer Körper alt wird. Du wirst traurig sein, wenn Dir das bewußt wird, und Du wirst vielleicht denken: „Was hätte sein können, wenn......!"
So muß es nicht kommen. Auch die, die zu den Älteren zählen, können beginnen sich ein Vorbild aufzubauen.

Wußtet Ihr, daß Ihr Euch dadurch im Denken jung erhaltet? Haltet daran fest, denn Ihr wißt, daß Euer Leben das ist, was Ihr daraus macht. Visualisiere Dich im Lehnstuhl sitzend, mit trüben Augen, am Hungertuche nagend - was meinst Du wird sich einstellen, wenn Du die Altersgrenze erreicht hast? Wieviele Menschen sprechen vom Ruhestand, verstehen es aber nicht in Ihrer Vorstellung daran zu arbeiten.
Wir müssen einen Zukunftsplan erstellen. Wir müssen uns ein so perfektes Ziel setzen, daß es sich selbst verwirklicht. Dafür arbeite unbeharrlich. Schau weder rechts noch links, sondern halte Dir immer Deinen Archetyp vor Augen. Diese Göttliche Idee hält Gott für Dich bereit. Auch wenn Du nur einen Schatten der noch kommenden Dinge erhaschst, halte daran fest, bis Du die größere Verwirklichung erreichst!

Wir werden Euch helfen, denn die Arbeit ist bedeutend und wir brauchen lebende Menschen, die zum Licht erwachen. Wir brauchen Menschen, deren Innerstes berührt wird, die sich stimulieren lassen, und die vorausblickend vorwärtsstreben, um in Harmonie mit dem göttlichen Plan des Universums zu gelangen. Bald werden Dir in Deinem Leben Beweise zuteil. Sie werden sich einstellen, denn Du wirst sie visualisieren. Du erstellst ein Bild großer Energie, großer Liebe und der Vermittlung der Geisterwelt. Sobald es sich in Deinem Leben auszuwirken beginnt, wirst Du das Dir gesteckte Ziel erreichen.

Wie erkennt Ihr Eure genaue Mission? Wenn Ihr zur Zeit unsicher seid, kreiert für Euch das Christus-Bewußtsein, strebt es zu erlangen und Eure Arbeit wird Euch offengelegt. In dem Moment , da Ihr den perfekten göttlichen Plan erkennt, wird Euch die göttliche Idee klar. Auch, wenn Ihr weder das Ende des Weges noch den gesamten Plan überblicken könnt, werdet Ihr ihn akzeptieren können in Harmonie mit den eigentlichen Gesetzen, werdet Ihr Euch zu ihm hinwenden.

Um ehrlich zu sein: auch die Weiterentwickelten unter Euch wissen nicht, was auf Euch zukommt. Jeder muß seinen Part übernehmen und alles, was auf ihn zukommt, annehmen. Folgt diesem alten Spruch aus der Bibel: „Welche Arbeit auch immer Eure Hände verrichten, tut sie mit all Eurer Kraft und zur Ehre Gottes."
Erledigt die Arbeit, die auf Euch zukommt und ängstigt Euch nicht. Eines Morgens werdet Ihr aufwachen und sagen: „Hier bin ich. Das ist es, was ich geplant habe und wofür ich all die Zeit gearbeitet habe. Es wurde vor mir versteckt - aber hier bin ich." Plötzlich, an einem glorreichen Tag kommt Euch die Erleuchtung wie ein Sonnenaufgang nach einer dunklen, stürmischen Nacht.

Ihr werdet vielleicht nicht verstehen, wie Ihr zu dieser Wahrheit geführt werdet. Viele Vorkommnisse ereigneten sich während Eures Lebens, Ihr bezeichnet sie vielleicht sogar als Zufälle. In Wirklichkeit aber leiteten Euch Eure Geistigen Führer. Ein wohlausgesuchtes Buch, eines Menschen Worte berührten Euch, oder ein großes Ereignis drängte Euch Interesse auf. Eure Führer und spirituellen Helfer verhalfen Euch zu diesem Wissen. Von da an liegt alles bei Euch.

Seid Ihr zu einem bestimmten Punkt der Entfaltung geführt worden, aber nicht vorbereitet weiterzugehen, werdet Ihr bald ausgeschlossen sein. Dabei will weder Euer Verstand Euch ausschließen, noch die die Euch helfen. Es ist die Tatsache, daß Ihr den Plan nicht mehr verfolgt habt. Ihr habt ihm erlaubt Euch zu verlassen, anstatt ihn im Geiste zu bewahren. Diese Lehre könnt Ihr nicht in einigen wenigen Büchern lesen oder in einigen Kursen erlernen, um sie zu beherrschen. Es ist eine lebenslange, immerwährende Entwicklung. Was nicht bedeutet, daß mit anderen Kirchen oder philosophischen Organisationen etwas falsch sein muß. Einige von ihnen sind gut, mit guten Priestern und ausgezeichneten Mitgliedern. Aber vielleicht können Deine individuellen Belange nur durch diese Arbeit oder diesen Plan befriedigt werden. Viele Kirchen verrichten wunderbare Arbeit, aber ohne ein Teil davon zu sein würdest Du Deine Zeit vergeuden.

Danke Gott für den Menschen, der den Samen gesät hat, Dich an die richtigen Orte geführt hat. Er war großzügig genug den Samen zu säen, der eines Tages Wurzeln schlagen würde. Einige von Euch werden nie ernten können, aber Ihr seid sicherlich befähigt, die Erde zu pflügen und auszusäen. Es ist sicher besser, den Samen zu säen, auch wenn man die Früchte nicht selbst ernten kann. In der frühen christlichen Kirche gab es einen großen Streit. Einige sagten, sie seien von Apollo bekehrt worden, ander sagten, sie konvertierten unter Zerphas, der der Apostel Petrus war; wieder andere unter Paulus. Paulus sagte, es sei purer Unsinn, daß Apollo pflanzte, Zephas goß und Gott wachsen ließ. Oh, wenn Ihr Menschen doch die Wahrheit erkennen würdet! Sie kommt nicht aus der Menschheit, nicht von den Priestern, nicht von Euch. Es ist die mitten unter Euch arbeitende Präsenz. Alles Menschliche ist schwach; aber verliert den Plan nicht aus den Augen, gleichgültig, wer einen Fehler begeht. Stellt Euch den Plan - das Vorbild - vor, und menschliche Fehler werden Euren Erfolg und Euer Wachstum nicht beeinflussen. Nutzt Eure Fähigkeiten und tut Eure Arbeit aus reiner Freude an der Ausdrucksform. Auch wenn die Resultate sich nicht in diesem Leben zeigen., werden sie im nächsten erreicht werden. Das ist eine altmodische, aber wahre Lehre. Eines ist sicher: Ihr werdet schon jetzt beginnen, den Nutzen aus Euren Bemühungen und Studien zu ziehen. Eine große Verantwortung wurde in das Leben eines jeden gesetzt. Das Geheimnis ist so leicht zu erkennen. Deshalb stolpern auch die meisten von Euch darüber. Wenn Ihr die Bremsen lockert., Euch entspannt, keine Sorgen mehr macht, beginnt Euch selbst zu gebrauchen, welchen Zustand der Freude und Glückseligkeit werdet Ihr erlangen. Gebt Angst, Sorgen und Zweifel frei, entlaßt sie aus Eurem Bewußtsein - und sie werden Eure Welt verlassen.

Wer einmal eingeweiht wurde, wird es immer bleiben. Aber wißt Ihr, daß viele Menschen nie eingeweiht wurden? William Stead machte eine große Erfahrung als die Titanic unterging. Er bat die Präsenz ganz nahe zu ihm zu kommen. Er fühlte die Präsenz ganz real in dieser großen Stunde. Und das, meine Freunde, ist genug.

Als Jesus ging, sagte er wir sollten uns nicht fürchten, denn es würde jemand kommen an Seiner Statt. Er nannte ihn den Tröster (Präsenz) und sagte, wann immer die Zeit gekommen sei, da die Jünger Hilfe oder Belehrungen brauchten, der Tröster würde sie ihnen zu eben derselben Stunde gewähren. Er würde ihnen sogar die Worte in den Mund legen um zu sprechen. Nun, meine Freunde, jeder von Euch erlebt dies. Ihr könnt den Tröster oder den Heiligen Geist nicht sehen, genausowenig wie Ihr den Wind sehen könnt, der durch die Baumwipfel streicht. Aber wenn Ihr in Not seid, wird er da sein. Ihr habt eine Aufgabe zu erfüllen. Dabei kommt es nicht auf die Größe der Aufgabe an. Ihr müßt verstehen, die Präsenz unterscheidet nicht zwischen größeren und kleineren Taten. Ihr seid alle ein Teil des Ganzen - der Präsenz.

Geistiges Leben ist Macht

Wenn Du Dich Gott inniger näherst und anfängst, die tiefere Wahrheit des Lebens zu verstehen, wirst Du die mächtige Bedeutung von Freude, Frieden und Liebe zu spüren beginnen und alles andere fallen lassen. Danach werden alle anderen Dinge wertlos, verglichen mit der herrlichen Wahrheit und der Befreiung, die mit ihrem Verstehen einhergeht, so wie der Herr sagte: „Du wirst die Wahrheit kennenlernen und die Wahrheit wird Dich frei machen". Das heißt, frei von Verlangen, frei von Bindungen an Unwichtiges, frei von Mangel an Wahrheit und frei von Elend und Unzufriedenheit. Nichts auf der Welt ist wichtiger als spirituelle Vorbereitung. Es gibt nichts Ernster-zu-nehmendes für Dich als das Leben im Geiste, als Dich in der richtigen Form auf die Meisterung Deines Lebens sowie die geistige Kraft vorzubereiten, die zu Dir kommen soll.

Mit allem Respekt für andere Gotteshäuser, Religionsformen und brüderliche Verbindungen, ohne die geistige Kraft fehlt ihnen der Antrieb, der erforderlich ist, um das Leben eines Menschen tatsächlich zu verändern. Genau das ist es, was Apostel Paulus meinte, als er sagte, „sie haben wohl eine Art Frömmigkeit, aber sie verleugnen deren Macht." Echte Frömmigkeit bewirkt, daß der Mann oder die Frau eine eindrucksvolle Persönlichkeit wird, denn der Weg des Lebens mit Gott führt zu einem höheren Bewußtsein, als das, das den weltlichen Dingen, deren vergänglichen Werten, falschen Konzeptionen und Perspektiven innewohnt. Der Mensch, der sich Gott verbunden fühlt, findet seinen Horizont und seine Ansichten sehr bald erweitert, sein Werturteil wird gut und seine Lebensbeurteilung zutreffend sein, denn er wird nicht bei den Erscheinungen des Äußeren Halt machen. Er wird sie beiseite schieben um die Ursache hinter der Wirkung festzustellen und erkennen, was das Leben in Wirklichkeit ist. Der Mensch lebt nicht dem Materiellen allein. Wenn er das tut, wird sein Leben wieder und immer wieder scheitern, bis er die Lektionen lernt, die ihm die materiellen Erfahrungen über ihre irdische Ausdrucksform bescheren, die ihn lehren sollen, sich zu beherrschen und im Zustande eines höheren Bewußtseins zu leben.

Sehen wir uns die Menschen an, ob Mann oder Frau, die ausschließlich dem Materiellen verhaftet sind. Für sie ist Geld Gott. Ihr Ziel im Leben kreist um Dinge, die sie besitzen können. Dennoch fehlt ihnen, trotz aller Erwerbungen, der höchste Wert alles zu Erstrebenden, nämlich Seelenfriede, Herzensfreude, Nächstenliebe, und das wichtigste von allem, Gottverbundenheit, um den Lebensatem in ihrem Leben zu spüren, sich in ihrer Gottesallgegenwart zu befinden, ihre Kraft als Sohn oder Tochter einzusetzen und Taten des guten Willens zu vollziehen. Immer wieder werden Männer und Frauen vom Erfolg angezogen, der den sich Bemühenden zuteil wird, aber sie suchen ein magisches Elixir und sie wollen materiellen Gewinn erzielen. Wenn das das einzige Motiv ist, werden sie in der Tat enttäuscht werden, denn sie werden niemals aus der ersten Bewußtseinstufe herauskommen können, niemals die erste Anfangssphäre hinter sich bringen und nie in das höhere Reich der Gedanken eindringen können, denn der Mensch muß die Wahrheit kennenlernen, um wahrhaft glücklich sein zu können.

Die einzige Möglichkeit, die Wahrheit kennenzulernen, ist es, sie zu erleben. Ich kann Euch Wissen lehren, aber nicht Wahrheit, denn Wahrheit als solche muß man erfahren. Ich mag Euch Wissen nahebringen, den Schlüssel, mit dem man der Wahrheit näherkommt, aber kein Mensch, Geist oder Engel des Himmels kann Euch die Wahrheit geben, denn Wahrheit ist eine innere Enthüllung. Wahrheit beruht auf Erfahrung, und die kontrollierende, bewachende Auswirkung der Wahrheit ist ein Schutzmechanismus, der verhindert, daß irgend ein Mensch sie bekommt, ehe er nicht entsprechend vorbereitet ist. Ich könnte Euch große Wahrheitsgrundsätze lehren, aber so lange Euer geistiges Verständnis nicht so weit reicht, daß Ihr bereit seid, sie aufzunehmen, können es nur Worte und viele Wiederholungen derselben sein. Bei denen von Euch aber, die vorbereitet sind, wird der Heilige Geist, der in ihnen wohnt, plötzlich und mit Freude aufspringen bei den Worten, die ich spreche, denn im selben Augenblick, in dem ich die Wahrheit nur anrühre, die Ihr zu empfangen vorbereitet seid, wird in Eurer Brust etwas aufspringen und sagen: „Das ist die Wahrheit".
Wie kannst Du wissen, ob Du ein Kind Gottes bist? Etwas in Dir macht einen Sprung, den Du fühlst, wenn die Wahrheit ausge-

sprochen wird. Das soll nicht heißen, daß nicht jeder ein Kind Gottes ist. Jeder gehört in Sein Königreich, aber die große Mehrzahl hat niemals ihr Kindschaftsverhältnis erkannt, das zum Ewigen Geist besteht. Die, die es erkennen, sind zu höherem Lebensbewußtsein erwacht und ihr Leben hat plötzlich einen Sinn und Zweck. Sich in Gemeinschaft mit Engeln Gottes zu befinden, ist wunderbar, herrlich, gänzlich erfüllend, immerwährend und jederzeit inspirierend für die Menschen, die im Lichte Gottes wandeln. Vor allem ist es das Größte und Höchste, was ein Einzelwesen erreichen kann, ob auf Erden oder in der nächsten Welt, wenn es in seinem Leben die Anwesenheit des Vaters hat. Das ist etwas zum Nachdenken, nicht wahr?

Ihr könnt ein lebenlang damit verbringen, die Stimme des Geistes zu hören, und dennoch kann Euch jedesmal etwas neues gelehrt werden, denn die große Wahrheit erschöpft sich nie, und endlos ist der Lebensborn, die Quelle, die vom Throne des Allmächtigen fließt. Einige mögen glauben, daß der Mensch irgendwo nicht mehr weiter kann. Das rührt von den falschen Lehrmeinungen einer Reihe orthodoxer Gesetzesbücher und Religionen her, die die Auffassung von einem endlichen Ruhezustand verkünden, der mit dem großen Zustand des Nirvana verwechselt wird (Leben im Bewußtsein des Eins-Sein mit Gott). In diesem Bewußtsein des Immer-bewußt-seins zu leben ist das Geheimnis wahren Glücks, oder sollte ich sagen „ständigen Glücks". Nirvana wird von vielen östlichen Philosophien als der höchste Erleuchtungszustand angesehen, den der Erdenmensch erreichen kann, und dennoch möchte ich sagen, ist Nirvana nur die erste Stufe einer endlosen Leiter geistigen Neulands. Es ist nicht das Ende.

Es erhebt sich die Frage: Kann man in diesem Leben Eins-Sein-Bewußtsein erlangen? Ja, denn wenn nicht, werdet Ihr wieder und immer wieder zur Erde zurückkehren, bis die Enttäuschung, die Euch materielle Erfahrung lehrt, Euch vom Materiellen gänzlich befreit hat. Versteht Ihr nun, warum Euch materielle Dinge gegeben werden? Durch ihren Gebrauch und die Kontrolle, die Ihr über sie gewinnt, findet Ihr sie unbefriedigend und könnt Euch bald von Ihnen lösen, wobei Ihr unter Umständen immerwährendes Eins Sein-Bewußtsein mit der wahren Stimme des Univer-

sums erlangen könnt. Das ist ein ernüchternder Gedanke.
Es ist ein Gedanke, der viele Perspektiven in Eurer Vorstellung eröffnet. Ihr findet Euch plötzlich von dem hohen Gipfel oder der Spitze eines hohen Berges hinabschauend auf unentdeckte Täler unter Euch und auf Berge in der Ferne in meilenweitem Umkreis. Es wird Euch bewußt, daß Ihr nur Pilger seid, Reisende, Pioniere eines unbekannten Lebens, und wenn Ihr einen Berggipfel erreicht habt, erheben sich in der Ferne auch schon wieder unendliche Bergketten, Plateaus, Täler, Seen, Welten, Galaxien und Universen, die zu erkunden sind.

Der Unterschied zwischen dem Lehrer und dem Schüler besteht darin, daß der Lehrer selbst bereits aufgestiegen ist und nun versucht, dem Schüler, der unter ihm steht, zum Aufstieg zu verhelfen. Für Jesus, den Meister, bestand kein Grund, seines eigenen Fortkommens wegens, zur Erde zurückzukehren, denn er hatte kein Karma zu bewältigen. Sein einziger Antrieb war die Liebe zu seinem Nächsten. In dieser Liebe erreicht der Mensch einen Vollendungszustand, dessenwegen er sich nicht länger mehr mit seinem eigenen Aufstieg beschäftigt, denn er ist oben. Dann wendet sich seine Fürsorge anderen zu.

Einstein lehrte das große Relativitätsgesetz oder -prinzip, demzufolge alles im Universum miteinander in Verbindung steht und keine Bewegung ohne spürbare Auswirkung auf das andere bleibt. Jeder Gedanke, jede Idee, jedes gesprochene Wort, jede Handlung bewirkt eine Kettenreaktion im Universum. Es ist erstaunlich, wenn wir darüber nachdenken, und dennoch von wunderbarer Bedeutung.

Wenn Ihr eine bewußte Gegenwart des Eins-Sein mit Gott aui der niedrigeren Ebene des Bewußtseins, die für Euch existiert nicht erreichen könntet, wäre alles umsonst, was ich Euch lehrte. Jedes Wort, das ich zu Euch gesprochen habe, wäre völlig umsonst und ohne Nutzen. Das Leben wäre ein Hohn, als wenn man dem Menschen im brennenden Sand seiner irdischen Existenz eine Schale kühlen Wassers hinhielte und doch wüßte, er könnte sie nicht erreichen, um zu trinken. Ich werde Euch niemals fragen, irgendetwas allein im blinden Vertrauen zu glauben. ich werde niemals Euren Intellekt oder Verstand verletzen, indem ich verlange, daß Ihr Dinge, die ich Euch lehre, blind glaubt, aber ich werde alle Bedenken zweifelsfrei ausräumen, indem ich Euch die Übungen ausarbeite und vorlege, um den Beweis zu erbringen. Auch werde ich nicht versuchen, Euren gesunden Menschenverstand zu verletzen. Das geschieht nicht, weil ich Euch, so wie Jesus, etwas lehre als einer, der dazu berufen ist, und nicht, wie ein Erdenmensch, der Euch nur das lehrt, was ihn gelehrt wurde und was er angenommen hat. Wenn ich Euch irgend etwas aus den Schriften Eurer Bibel lehre, oder aus Werken des Ostens, oder aus der Bhagavad-Gita, oder aus den Lehren des Confuzius, dann belege ich dies mit Auszügen. Nicht daß diese Bücher notwendigerweise eine Richtschnur sind, aber wenn Ihr aus einem derartigen Werk etwas lehrt, solltet Ihr es gewiß kennen.

Jetzt soll Euch die Welt des Himmels gelehrt werden. Erdenmenschen haben Euch lange genug gelehrt, und bei all der Kenntnis, die Ihr erworben habt, ist Euer Herz nicht befriedigt worden. Verbannt jetzt das Sklavenkind aus Eurem Denken und laßt den wahren Erben des Königreichs in Euch geboren werden. Laßt den Wahren Verstand heraustreten in all seiner Herrlichkeit und achtet auf die Lehren Eurer Engel und von mir. Eure eigenen, wundervollen Schutzengel haben ihre Leben dem alleinigen Zweck, Euch zum Aufstieg zu verhelfen, gewidmet. Laßt sie Euch jetzt beraten und führen auf dem Pfad der Erleuchtung.

Einige Menschen, die Geist oft in Frage stellen, glauben jeden ihrer kleinsten Eindrücke. Jede kleine Idee, die ihnen kommt, wird sogleich zur gültigen Wahrheit für sie, aber wir erleben nie, daß sie ihre Eingebungen überprüfen. Wir erhalten nie einen Beweis, daß sie auch tatsächlich etwas erhalten haben, außer ihrer eigenen Einbildung. Was ich Euch gebe, erhärte ich durch Beweise und Glaubwürdigkeit. Ich möchte, daß Ihr, die Ihr Schüler seid, dasselbe tut. Einige unter Euch sind Lehrer, die die Bibel lehren, und ich möchte, daß Ihr fähig seid, den Beweis anzutreten. Wenn Ihr nichts habt in Eurem Leben als die Gabe zu Heilen, laßt Eure Heilungen für die sichtbar werden, für die Ihr betet. Wenn Ihr nichts habt, als die Gabe der Kontaktvermittlung, laßt Eure tätige Verbindung der Welt zeigen, daß Ihr etwas zu bieten habt.

Möchtet Ihr den Unterschied wissen zwischen dem Irrtum über die psychischen Phänomene von Gestern und den Wundern des heutigen Neuen Zeitalters? Sie sind im Kapitel 12, Korinther I., aufgezählt und betreffen die neun geistigen Gaben. Möchtet Ihr wissen , wie viele von ihnen in den für geistige Arbeit organisierten Kirchen von Gestern benutzt wurden? Nur zwei! Eine davon ist Heilen und die andere das Unterscheiden der Geister, bzw. die Fähigkeit Kontakte zu erstellen. Ich frage Euch, wie steht es um die anderen sieben Gaben, von denen Paulus sagte, daß es tatsächlich noch wichtiger und wertvoller sei, sie zu erwerben?

Die erste Gabe ist die des *Wissens;* die zweite *Weisheit;* dann kommt die Gabe der *Prophetie.* Diese ist die Gabe, den weitreichenden Plan Gottes sehen zu können, also eine weiterreichende Fähigkeit, als bloßes Voraussagen der Zukunft. Es ist die Fähigkeit, durch die vorliegenden Erscheinungen hindurch die gültigen Pläne des ewigen Geistes zu erkennen und zu wissen, warum die Dinge geschehen. Paulus nennt die Gabe der Prophetie im Kapitel 13, Korinther II., und bezeichnet sie als das Verständnis aller Mysterien, d.h. hindurchzuschauen durch das was zu sein scheint, und zu sehen, was tatsächlich ist. Das ist die echte Gabe der Prophetie. Sie schließt ein bestimmtes Wissen über das, was die Zukunft bringen wird, ein, aber sie reicht darüber hinaus. Sie reicht bis in den Kern der Wahrheit und erkennt das Endziel der Lebensumstände, in denen sich der Mensch jeweils befindet.

Die Gabe, Wunder zu vollbringen, ist das Wunderbarste, was wir uns denken können. Sie reicht über die Schranken bloßer, geistiger Kontaktaufnahme hinaus.
Die Gabe des Glaubens bedeutet, die Pläne Gottes soweit zu kennen, daß man seine Handlungen darauf abstimmt, ohne daß ein sichtbares Anzeichen darauf hindeuten mußte. Du schenkst den Plänen so festes Vertrauen, daß du dich nicht fürchtest, danach zu handeln.
Paulus sagt: „... jedem Menschen ist ein Maß an Glauben gegeben", aber gesegnet ist der, der die Gabe des Glaubens hat, denn er wird Berge versetzen für das Himmelreich.

Die nächste Gabe ist die des *Unterscheidens der Geister.* An früherer Stelle dieses Kapitels wurden die *Gaben des Heilens* genannt. Ich möchte Euch darauf aufmerksam machen, daß die Pluralform anzeigt, daß es verschiedene Arten des Heilens gibt, die zu den Menschen auf Erden kommen können. Die höchste Gabe des Heilens ist die des geistigen Heilens. Bei ihr wird eine Person auf der Stelle gesund gemacht.Die höchste Form des Heilens ist die Gabe, für die Ihr Heilpraktiker beten und ernsthaft arbeiten solltet, daß sie Euch gegeben werde. Mit ihr erhält der Patient spontane Heilung, wenn Ihr das Glaubensgebet für ihn sprecht. Es gibt viele, geringere Formen der Heilung, die Behandlung über Behandlung erfordern, aber die einzige Möglichkeit, über die die höchste Form des Heilens kommt, ist die, daß sich eine Mann oder eine Frau der geistigen Wahrheit voll widmet. Dann wird sein bzw. ihr Leben ein Kraftwerk Gottes.

Jetzt kommt die *Gabe der Sprachen* und der Übersetzungen von Sprachen oder die Fähigkeit, bezeugende Kundgebungen in anderen Sprachen vorzunehmen. Interpretation geht über die Kenntnisse der Sprachen hinaus bis zur tatsächlichen Bedeutung des gesprochenen Wortes, sie ist nicht nur ein übersetzen. Echte Übersetzung als geistige Gabe übersetzt nicht gerade, was gesagt wird, sondern geht zu der Wurzel dessen, was tatsächlich gemeint ist. Du kannst eine Sache sagen und etwas anderes meinen, um jedoch richtig zu interpretieren, muß man weiter gehen, als was mit bloßen Worten gesagt worden ist.

Die größte aller neun Gaben, nach Apostel Paulus, ist die Gabe der Prophetie. Es ist die größte aller Gaben, weil sie über alle Erscheinungen hinausgeht und den Plan Gottes sehen kann. Prophetie ist nicht begrenzt. All die anderen Gaben sind auf diese Welt begrenzt. Paulus sagt, daß sie alle vergänglich sind. jedenfalls werden sie, bis auf die Gabe der Prophetie, keinen Wert mehr für Euch haben, wenn Ihr hierher kommt. Natürlich werden Wissen und Weisheit von Wert sein, aber Prophetie ist sehr wichtig. Sie reicht weiter, als die Erscheinung der Illusion, in der Ihr Menschen gefangen seid, bis zu den weitgreifenden unendlichen Schöpfungsplänen Gottes für den Menschen. Diese Gabe zu haben, bedeutet, jenseits dessen, was erscheint, die wahre und bleibende Ursache zu erkennen.

Paulus sagte, daß Ihr auf der Erde nur dunkel durch ein Glas sehen könnt, aber eines Tages werdet Ihr von Angesicht zu Angesicht sehen. Das ist etwas, worauf man sich freuen kann, denn wir prophezeien teilweise, doch sodann, wenn sich dieser Teil ereignet hat, werden wir wissen, wie man auch um uns weiß.

Nur in der Gemeinschaft der Gläubigen haben die spirituellen Gaben ein Recht angewendet zu werden. Die geheiligten Gaben Gottes sollten niemals für Wahrsager herabgewürdigt werden, oder für Personen, deren Interesse nur geldlichen Gewinnen gilt oder die, die weltliche Neugierde treibt. Die Gaben sind zur geistigen Erbauung der Glaubensgemeinschaft, d.h. um sie aufzubauen, weil die geistigen Gaben die Kraft der Glaubensgemeinschaft sind. Sie helfen den Menschen, die Wahrheit zu lehren.

Wenn Erdenmenschen einen gewissen Geistverkehr betreiben, ohne selbst spirituell eingestellt zu sein, dann sind sie abtrünnig oder vom Geist abgeschnitten. Nimmt es da Wunder, daß Männer und Frauen, sofern sie zu jenen gehen, erfreut die Botschaft eines geliebten Menschen hören, andererseits aber die religiöse Verbundenheit des Mediums nicht ernst nehmen? Muß man sich dann noch wundern, daß die Leute darüber lachen, anstatt die Sache ernst zu nehmen? Wenn der Mensch mit seinem eigenen Leben nicht fertig wird und nicht glücklich ist, wie kann er dann glauben, andere führen zu können? Und das ist doch nur eine einfache Wahrheit, die ich Euch sage, Seht Euch auf der anderen Seite den Mann bzw. die Frau mit spiritueller Einstellung an, die mit Geistesgaben gesegnet sind. Derjenige, der diese Gaben hat und danach lebt, ist ein leuchtendes Beispiel für ein Kraftwerk Gottes. Die Leute werden zu ihm hingezogen, weil der Heilige Geist und Seine Kraft sie zu ihm hinziehen.

Widmet Euch dem Empfang der Gaben, werdet zu einem Gefäß für sie. Beachtet, daß Paulus diese Gaben „spirituell" nennt, und nicht etwas das Euch zu Gewinn oder Selbsterhöhung verhilft, und nichts, das Euch verdreht macht. Im Altertum wurden nur sehr wenigen Menschen diese Gaben verliehen, so wie Elias, Moses und Samuel. Aber als Jesus, der Meister kam, war es seine erste Aufgabe, 70 Menschen mit den Geistesgaben auszustatten. Er sandte sie zu zweit aus (35 Paare), das Evangelium zu verkünden und es durch Heilen der Kranken und Vertreibung böser Geister (unwissender Geister) zu bekräftigen. Als die Siebzig zurückkamen, voll Freude, daß sie die Gabe besaßen, Kranke durch Handauflegen zu heilen und unwissende Geister auszutreiben, die sich der Sinne hilfloser Menschen bemächtigt hatten, sagte Jesus Ihnen, sie sollten sich nicht darüber freuen, diese Kräfte zu haben und daß die Geistesgaben ihnen verliehen worden seien, sondern sich zu freuen, daß ihre Namen in das Buch Gottes eingetragen seien. Erfreut Euch der geistigen Wahrheit, die Ihr habt - nicht bloß ihrer Erscheinung.

Nach Jesus' Tod sind es 120 Menschen, die diese Kräfte am Pfingsttage haben, und dann finden wir wieder in der gesamten Apostelgeschichte die Christen als die erwähnt, die einige, seltene Formen von Geisteskräften besaßen. Da waren die Töchter des Phillipus, die die Gabe der Prophetie besaßen und Phillipus selbst, der, nachdem er den Eunuchen getauft hatte, den Blikken entführt und etwa 50 Meilen weiter in einer anderen Stadt wiedergefunden wurde, wohin ihn der Geist buchstäblich transportiert hatte. Dann ist von Paulus zu berichten, der später auftauchte, einer, der die Gottgläubigen verfolgt hatte, der von einer giftigen Schlange gebissen wurde, als er Scheite aufs Feuer legte. Er schüttelte sie von sich ins Feuer und ging seiner Arbeit nach ohne Anzeichen der Wirkung des Giftes. Diese Zeichen folgen denen, die glauben.

Wenn eine Gemeinde keine Zeichen des Geistes bekommt, ist sie keine geistige Gemeinde. Wenn ein Mensch nicht die Zeichen und Beweise in seinem Leben hat, ist er kein spiritueller Mensch. „Trachtet zuerst nach dem Himmelreich Gottes" und diese Zeichen werden in Euer Leben kommen. Wohin Du auch gehst, wo immer eine Notwendigkeit besteht wird Gott ein Wunder in Deinem oder dem Leben eines anderen vollbringen. Glaubt nicht, daß sie jeden Tag in Eurem Leben geschehen, sie werden sich aber beständig in Eurem Leben manifestieren, denn Ihr steht in Einklang mit dem Gedächtnis Gottes, und der Impuls des Geistes gelangt in Euer Leben, wenn es Zeit dafür ist, und das Wunder wird sich natürlich und mit Leichtigkeit ereignen, ohne Auffälligkeit, und es wird so perfekt ausgeführt sein, daß Zuschauer, die nicht spirituell eingestellt sind und denen die Intuition fehlt, das, was sich ereignet, völlig entgehen wird. Mit

Eurer Gabe der Prophetie werdet Ihr durch das Erscheinungsbild das sehen, was sich im Plan Gottes tatsächlich ereignet. Sich zurückzulehnen und das zu betrachten läßt elektrische Liebe hin und her durch die Bahn Deiner Seele laufen, als Ladung Gottes, als von den Himmeln fallende, durch Dich hindurchlaufende Blitze. Der Geist springt in Dir vor Freude über das, was Du betrachtest.

Die Kirche war am Anfang eine Kirche dynamischer Wunderkräfte bis ins zweite Jahrhundert; dann 200 Jahre nach Jesus, schlichen sich eifersüchtige Männer in die christliche Organisation ein, Männer, denen Habsucht und Gier in den Augen standen, die herrschsüchtig waren und die Ansichten der Menschen ihrer Kontrolle unterwerfen wollten. Wir nennen sie Priesterschaft, und ihre Eifersucht gegenüber denen, die spirituelle Gaben hatten, bewog sie, sich zusammenzuschließen und die von der Kirche auszuschließen, die über die Gaben verfügten.

Das ist Kirchengeschichte. Ihr könnt darüber in jedem Kirchengeschichtsbuch nachlesen. Das dunkle Kapitel der Christenheit wurde eingeläutet, denn wenn ein Mensch keine Vorstellungen mehr hat, muß er zugrundegehen. Der Mensch kann nur spirituelle Vorstellungen haben, wenn er ein spirituell eingestellter Mensch und mit den Gaben geistiger Erkenntnisfähigkeit ausgestattet ist. In all diesen finsteren Jahrhunderten gab es hin und wieder einen gläubigen Diener, der sich mit einer der Geistesgaben erhob. So ein Gottesdiener wurde entweder verbrannt oder dadurch zugrunde gerichtet, daß man ihn in ein finsteres Verlies warf. Dessen ungeachtet wird sich die Wahrheit immer siegreich erheben, und man kann sie nicht niederzwingen. Dann begann das Zeitalter der Renaissance, und das Joch der Unkenntnis und der Furcht kam zum Durchbruch.

Jetzt, da das Zeitalter der Vernunft seinen Weg zu nehmen beginnt, überflutet das Christusbewußtsein der großen Neuzeit die Welt, und die Menschheit schaut weiter als die alte, orthodoxe Bewußtseinsebene dieser Welt, in Wissenschaft, Kunst und Literatur. Sie befindet sich direkt am Pulsschlag des Herzens der Wahrheit selbst, anstatt bloß den alten Hypothesen und dem toten Gedankengut von Männern und Frauen von Gestern zuzu-

hören. Der Mensch muß sich bewußt darüber werden, daß er jeden Tag geistige Offenbarungen braucht, wenn er sich fortentwickeln will, denn wenn das Brot von gestern verschimmelt und vermodert ist, muß er täglich von frischem Brot essen und das Wasser des Lebens trinken. Aus diesem Grunde bereitet Ihr als Lernende Euren Verstand auf eine der größten Offenbarungen vor; die diese Erde jemals erleben wird - das Abwerfen der alten Unwissenheit und der Beginn des herrlichen Lichts der Wahrheit, das die Erde überfluten wird. Überall auf der Welt muß durch schwarze, gelbe und weiße Menschen hier und da ein Gefäß aufnahmebereit gemacht werden. Es gibt einzelne, die den Zustand von Nirvana erreichen, wo Gott mit seinen geliebten Kindern wandelt und spricht und ihnen die prophetischen Mysterien des Lebens enthüllt.
Es wurde Euch großer Erfolg und große Erfüllung versprochen, deren Ihr täglich teilhaftig werden sollt. Geht noch einen Schritt weiter ins Unbekannte, geht ihn im Vertrauen, in der Gewißheit, daß Ihr dazu imstande seid. „Habe ich Euch nicht gesagt, daß Ihr die Herrlichkeit Gottes schauen werdet, wenn Ihr nur zu glauben vermögt!" Einige von Euch schauen schon jetzt die Herrlichkeit Gottes; andere werden gerade angeregt, sie zu sehen; andere wieder fangen gerade an, die verursachenden Zusammenhänge zu begreifen. Wo immer Ihr Euch befindet, schaut auf und bereitet Euch gründlicher vor, denn das Neue Zeitalter steht dieser Erde unmittelbar bevor.

Warum sitzt Ihr still und verschüchtert? Weil meine Worte die Worte des Unendlichen Gottes sind, die durch meinen Geist zu Euch fließen, und Ihr fühlt es, denn ich spreche nicht als Mensch, sondern ausgestattet mit Vollmacht. Einige von Euch fühlen eine Gänsehaut den Rücken hinauflaufen, wenn ich zu Euch spreche, denn Ihr wißt, ich habe Eure lebendige Seele berührt, jenseits Eures sterblichen Körpers, Eure göttliche Seele. Ihr wißt, was ich sage ist wahr, und Ihr werdet Euch erheben, und die zukünftige Generation wird Euch und Leute wie Euch, auf der ganzen Welt rufen, denn Ihr seid nicht selbstsüchtig, sondern liebt die Wahrheit mehr als die weltlichen Dinge, und Ihr seid gesegnet, da Ihr den Weg bereitet habt. Eine der traurigsten Passagen in der Bibel des Neuen Testaments findet sich in den Briefen von Paulus, nachdem sein Begleiter, der viele Tage und Monate anstrengender Reise und des Predigens mit ihm verbracht hatte, ihn verließ. Paulus sagte von ihm, „er hat mich verlassen wegen dieser Welt, die er mehr liebte als Gott".

Der Ruf ertönt durch das Universum, denn Männer und Frauen überall treffen ihre Entscheidung, ob sie die Gelgenheit wahrnehmen und aufsteigen, oder in ihrer Unwissenheit verharren wollen. Solche Unwissenheit muß sich in Vergessenheit umwandeln und unter Erneuerung von Verstand und Geist auf dieser Erde wiedergeboren werden, um die große Gelegenheit wahrzunehmen. Alter des Körpers ist unwichtig, denn das, wovon ich spreche, betrifft den unsterblichen Geist in Euch; es hat nichts mit Eurem Körper zu tun. Gewiß wird auch der Körper die Früchte ernten, die der Geist erzeugt. Keinem von Euch mangelt es an Fähigkeit, wenn das so wäre, wäret Ihr nicht zu diesem Unterricht zugelassen worden. Ihr hättet niemals die Tür gefunden, hättet Ihr nicht die Fähigkeit zum Empfang dieser Belehrungen mitgebracht, denn es gibt einen größeren Türwächter als Ihr Menschen auf Erden, der Türwächter, der die tatsächliche Absicht kennt, die hinter dem bewußten Gedanken jedes Menschen steht, und der es ihm ermöglicht, einzutreten.

Danach liegt es in der Hand des einzelnen, ob er fortschreiten oder wieder umkehren will. Wenn er umkehrt, wird sein Weg notwendigerweise ein Weg des Mißerfolgs und des Elends sein, bis er in demütiger Bitte wieder an die Tür der höheren Unterweisungen des Lebens klopft. Er mag viele Male eingelassen werden, ehe er bereit ist, fortzuschreiten, dennoch ist die Tür für keinen Menschen dieser Erde jemals gänzlich geschlossen. Um wieviel segensreicher ist es für jemanden, der willig ist und die Glut des Lebens durch sich fließen läßt, anstatt denselben Ablauf wieder und wieder auf sich zu nehmen, bis er des Laufens im Kreise müde wird, nur um dorthin zurückzukehren, von wo er ausging. Jeden Tag Eures Lebens seid Ihr Anfänger von neuem. Das ist der Unterschied zwischen dem, der alles zu wissen glaubt, und dem wahren Schüler des Lebens. Der wahre Schüler ist jederzeit bereit, größere Erleuchtung zu empfangen. Der, der glaubt, alles besser zu wissen, maßt sich Autorität an und versucht, andere davon zu überzeugen.

Große Dinge liegen vor uns. Einige von Euch haben einen Schimmer davon erhascht. Sagte ich nicht zu Euch, „wenn Ihr zu glauben vermögt, werdet Ihr die Herrlichkeit Gottes aus Eurer Mitte aufsteigen sehen". Die Herrlichkeit übersteigt bei weitem diese meine Worte der Verbindung meiner und Eurer Welt. Die Herrlichkeit erfaßt die Herzen aller Menschen überall. „Ob es auch Zungen gibt, sie werden verstummen, ob es auch Prophezeihungen gibt, sie werden vergehen, aber die Herrlichkeit wird niemals vergehen". Jene von Euch, mit spiritueller Einstellung, werden es erkennen, weil es nur mit spiritueller Einstellung erkannt werden kann, denn die sinnlichen Dinge dieser Welt, der sinnliche Verstand dieser Welt kann die Dinge des Geistes nicht erkennen, da sie nur geistig erkennbar sind. Wenn Ihr sinnlich eingestellt seid, könnt Ihr sie nicht empfangen. Bittet, daß Eure Sinnlichkeit weggenommen wird, daß Euch geistige Erkenntnis gegeben werde, geistige Werte. Dann schaut das Universum in seiner Herrlichkeit anstelle der weltlichen Dinge dieser Erde. Eure Welt ist an ihrer reichsten Stelle doch nur Schund, verglichen mit der allumfassenden Liebe und der Herrlichkeit des Unendlichen Geistes. Warum steht Ihr zitternd vor Furcht, in Bedürftigkeit und Kummer mit der Vergangenheit gestriger Erfahrungen lebend, wenn Eures Vaters Herrlichkeit, Leben, Erfolg, Fülle, Friede, Freude und Kraft für Euch bereit sind? Betretet die Festhalle und bereitet Euch auf das Fest des Lebens vor. Ihr steht auf der Schwelle; Ihr seid geprüft und der großen Vorbereitung für Wert befunden worden, die kommen muß, und viele von Euch werden rechtzeitig da sein. Andere werden wiederkommen müssen, aber jeder von Euch wird sie erleben.

Jetzt zu Ihm, Er, der es vermag, Euren Fall aufzuhalten,. Er, der den Herzensschmerz, den blinden Lebensgedanken heilt und Euch vor Seinen ewigen Thron der Herrlichkeit bringt; zu dem einzigen Gott der Weisheit, Eurem Vater, der Herrlichkeit und dem Dominion sowohl jetzt und für immer; der jeden Eingeweihten mit der magnetischen Kraft des Lichtes in das Reich des höheren Bewußtseins hebt, um zu strahlen und Licht zu verbreiten; zu Ihm, der immer treu ist, dessen Worte der Offenbarung sich über viele Männer und Frauen ergießen, über Knechte und Mägde dieser Welt, Seine Kraft, Sein Reich und Seine Hoheit soll die Herrlichkeit jetzt und für immer sein. Wir sprechen das

Wort der Wahrheit, und das Heilige Wort erweckt es sofort zu Leben, wenn wir es von Ferne sehen. Jetzt ist es an der Zeit für das Königreich, auf die Erde herab zu kommen. Alle Seelen des Lebens fühlen die Kraft, wenn es sie erreicht und sie in die Himmlische Seele des Lebens zieht, alle Herrschaftsbereiche und irdischen Königreiche abschaffend, so daß der Christusgedanke wachsen und das Wahrheitsbewußtsein himmlisch regieren können, und all und jeder die Wahrheit kennenlernen wird.

Meister Johannes: Ich grüße Christus in jedem von Euch, denn in diesem Augenblick der Weihestunde haben sich viele von Euch erneuert, wiedergeboren durch den Geist, um Euch auf den großen Lebensweg vorzubereiten, auf dem Ihr wandert. Nicht einer ist hier, der nicht von der Gegenwart der Liebe des Vaters berührt worden ist. Wir von der Hierarchie des Himmels, von der Großen Weißen Bruderschaft des Lebens, kommen wieder, um Euch in Eurer Verfolgung der Wahrheit zu ermutigen. Jeder von Euch hier hat eine Erneuerung des Geistes heute Abend erfahren, die Euch auf das, was vor Euch liegt, vorbereitet. Laßt niemanden zu sich sagen, „ich bin nicht bereit", sondern habt Mut und sagt: „Hier bin ich; sende mich aus." Denn wahrlich, die Ernte ist reif und der Arbeiter sind wenige.

Streckt Eure Hände zur Mitte des Raumes aus, schaut sie an und sagt: „Diese Hände gehören Dir. Mögen sie immer für meines Vater's Sache da sein." Berührt Eure Lippen mit Euren Fingern und sagt: „Diese Lippen gehören Dir. Mögen sie immer das Wort der Wahrheit sprechen." Berührt Eure Stirn und sagt: „Das ist der Verstand Christus. Möge er nur schöpferische Gedanken für das Reich Gottes auf Erden denken." Zeigt auf Eure Füße, die Euch zur Fortbewegung des Trägers des Geistes dienen, der in Euch wohnt. Mögen sie Euch nur dahin tragen, wo das meiste für die Anwesenheit Gottes in Euch erreicht werden kann.

Ihr seid ein Ganzes vom Scheitel Eures Kopfes bis zu Euren Fußsohlen. Legt alles auf den Altar in dieser Weihestunde des Gottesdienstes. „Ich möchte gehen, wohin Du mich schickst, oh Herr, über Berge, Ebenen oder Seen. Ich werde sagen, was Du möchtest, lieber Herr, und sein, was Du wünscht, daß ich bin."

Naturgesetze

Naturgesetz ist jenes Gesetz, welches Gott in Bewegung setzte, um seine gesamte Schöpfung zu regieren. Es ist unveränderbar.
Wir kennen kein Ereignis, bei welchem Gott dieses Gesetz aufgehoben hat als Antwort auf einen menschlichen Appell oder aus einem anderen Grund.

Das Gesetz des Lebens ist jenes Gesetz, das die Verbindung Gott - Mensch kontrolliert. Von unserer Fähigkeit, uns damit einzurichten, hängt es ab, wie sich die Gotteskraft uns manifestiert.

Das Gesetz der Liebe ist die schöpferische Kraft allen Lebens. Es ist die höchste Schwingungsebene, die wir erreichen können, denn Liebe ist Gott und Gott ist Liebe.

Das Gesetz der Wahrheit ist das Wissen, welches das rechte Denken konstituiert, das richtige Handeln und das rechte Leben. Wahrheit wird sich immer über Übles und schlechtes Tun erheben, wird uns immer weiter zum besseren Verständnis des Lebens führen.

Das Gesetz des Ausgleichens ist jenes Gesetz, welches dem Menschen den gerechten Entgelt für sein Handeln - gut oder schlecht - ausmißt, es beinhaltet automatisch Strafe oder Belohnung.

Das Gesetz der Freiheit ist jenes Gesetz, welches dem Menschen seine unbegrenzte Vielfalt der Wahl offenbart. Er kann leben, wie er wünscht, erleidend oder fortschreitend im Einklang mit diesen Wünschen.

Das Gesetz der Schwingung lehrt uns, daß alle Dinge im Universum eine bestimmte Schwingung haben. Die Frequenz ihrer Schwingung bestimmt ihre Natur und ihren Ausdruck.

Das Gesetz der Anziehung mag als Zug-Kraft im Universum betrachtet werden. Die Kraft im Universum, die ähnliche Schwingungen füreinander empfänglich macht.

Das Gesetz der Evolution ist jenes Gesetz, welches die Progression des Lebens garantiert. Jeder individuelle Ausdruck schafft in der Progression einen höheren Bewußtseinsstand. Was als Rückschritt erscheinen mag, beruht lediglich auf einem Mißverständnis des Gesetzes der Evolution. Dieses Gesetz nämlich betrifft die verschiedenen Bewußtseinsebenen allen individualisierten Lebens und nicht etwa ihre äußeren Manifestationen. Es gibt uns die tröstende Gewißheit, daß alles Leben einmal eine bewußte Vereinigung mit Gott erreichen wird.

Das Gesetz Bewußtheit.Die höhere Bewußtheit regiert über die niedrigere Bewußtheit. Durch willentliche Konzentration wird die niedrigere Bewußtheit von der höheren angejocht und dienstbar gemacht. Das hießt, der Mensch, die höhere Bewußtheit, ist in der Lage, niedrigere Bewußtheiten seines Umkreises zu kontrollieren.

Das Gesetz der Transmutation besagt, daß alle Manifestationen, gleich materiell wie immateriell, aus der gleichen Grundsubstanz kommen. Der Wissenschaftler nennt sie Energie, der Metaphysiker Geist. Die Schwingungsfrequenz bestimmt die äußerlichen Manifestationen des Geistes. Wird die Schwingungsfrequenz verändert, so verändert sich die Manifestation ebenso.

Das Gesetz der Fülle basiert auf der Fähigkeit des Menschen sich eine Vereinigung mit Gott vorstellen zu können. Es kommt im Menschen zu Ausdruck, wenn er über diesen Zustand nachdenkt, denn das Gesetz der Fülle ist Gottes Erbe an seine Kinder. So wie ein Mensch sich erkennt und diese Erkenntnis annimmt, so drückt sich das Gesetz der Fülle in seinem Leben aus.

Gedanken zu den einzelnen Gesetzen

Naturgesetz

Dein Universum ist ein Universum, welches geleitet ist. Es mag auf der Erde Gesetzlosigkeiten geben, aber es gibt ein höheres Gesetz, ein universelles Gesetz, welches alle Manifestationen regiert. Was wie ein Wunder erscheint, ist lediglich die Manifestation eines höheren Gesetzes, welches über einem niedrigeren Gesetz zum Vorschein kommt.

Gesetz des Lebens

Unser Verhältnis zu Gott wird vom Gesetz des Lebens bestimmt. Je mehr Du Dich mit diesem Gesetz einläßt, desto größer wird Deine Fähigkeit sein, die unsichtbaren Abbilder des göttlichen Lebens konkret zu erfahren.

Gesetz der Liebe

Wenn Du von Liebe umgeben bist, kann kein böser Gedanke Deinen Schutzwall durchdringen. Die bösen Gedanken prallen ab und kehren zum Urheber zurück. Es ist wunderbar, wenn Du bedenkst, daß das Leben unter dem Gesetz der Liebe freimacht von Harm und Bedrückung. Dies hat Jesus gemeint, als er zum Teufel sagte: hebe dich hinweg von mir, ich kenne dich nicht. Wer in der Liebe lebt, ist Meister - nicht Knecht.

Gesetz des Ausgleichens

Wie oft haben wir schon aus Mangel an tieferer Einsicht über einen anderen Menschen gedacht: er hat ein Gesetz überschritten, aber er wird nicht bestraft. Sagt nicht auch der Psalmist, daß das Böse oft herrlich und in Freuden lebt? Dieses Wohlleben ist aber immer kurzlebig, gemessen an der Ewigkeit. Was der Mensch sät, das wird er ernten. Deine Gedanken sind Saatgut. Deine Gedanken sind die Motivationen Deines Innersten. Du denkst als Folge dessen das Du bist, nicht etwa als Folge dessen, das um Dich herum vorgeht. Du behandelst andere Menschen danach, wie Du im Innersten Deines Seins bist. Daher mache sie auch nicht verantwortlich für Umstände und Situationen, die Du selber durch Dein Gedanken-Saatgut gesät hast. Ergründe die Motive Deines Handelns und dann wirst Du den Frieden erlangen, den Jesus mit seinen Worten: „Ihr sollt die Wahrheit erkennen, und die Wahrheit wird Euch frei machen", meinte. Wahrheit macht die Menschen frei. Wenn Du den Weg der Wahrheit gehst, wirst Du Deine Gedanken aus Kindertagen beiseiteschieben und Dir als Mensch Gottes ein reifes Leben gestalten. Dies ist in praktischer Anwendung, was der Apostel Paulus sagte: „Als ich ein Kind war, redete ich wie ein Kind als ich aber ein Mann ward, tat ich ab, was kindisch war. Wir sehen jetzt durch einen Spiegel dann aber von Angesicht zu Angesicht." (1. Korintherbrief, 13:11)

Gesetz der Freiheit

Das Gesetz der Freiheit erlaubt Dir, Deine eigenen Fehler zu machen. Gute Lehrmeister sind diese beiden letzterwähnten Gesetze: das Gesetz des Ausgleichens und das Gesetz der Freiheit, denn so Du beginnst, in diesem Verständnis zu leben und zu handeln, erkennst Du den Zweck, ihren Sinn. Dies ist gemeint, wenn wir von Karma sprechen.

Von karmischer Schuld. Ebenso gibt es eine karmische Belohnung. Obwohl wir von den karmischen Gesetzen wissen, leben wir doch weiterhin in den negativen Bereichen des Lebens. Wir sagen dann: „es sind meine karmischen Schulden, die ich abtragen muß". Wir sollten aber endlich unsere niederen Zwänge aus unserer Gedankensaat herausreißen, ausmerzen, damit wir uns ein segensreiches Karma aufbauen können. Es ist eigentlich nicht sehr schwer, dieses Gedankengut umzuwandeln, denn Du bist ja die Person, die die freie Wahl hat, die Entscheidung darüber hat, das gute auszuwählen und das schlechte davon über Bord zu werden.

Das Gesetz der Wahrheit

Die Wahrheit ist jenes Gesetz, das uns lehrt, recht zu leben, recht zu verstehen und recht zu denken. Es ist Deine innere Stimme, die Dir Leitung zu geben vermag, die Dir sagt, was richtig und was falsch ist.

Das Gesetz der Fülle

Sobald der Mensch erkennt, <u>wer er ist,</u> manifestiert sich in seinem Leben das Gesetz der Fülle. Es ist sein Erbteil von Gott. Ich bin davon überzeugt, daß Gott, diese Unendliche Kraft, seine Kinder gesund und glücklich sehen will. Begrenze Dich nicht absichtlich, bescheide Dich nicht mit niedrigen Dingen. „Bittet, so werdet Ihr erhalten, klopfet an, so wird Euch aufgetan." - Die Fülle ist da!

Gesetz der Transmutation

Die Schwingungsfrequenz kontrolliert die materiellen und immateriellen Manifestationen. Ändert sich die Schwingungsfrequenz, so ändert sich die Manifestation ebenso. Verstehst Du, daß Alles eine Sache der Schwingungsfrequenz ist? Warst Du zu Zeiten schon einmal deprimiert, hast Dich aber plötzlich aus Deiner Depression herausgerissen und über höhere Wahrheiten reflektiert? Sind dabei Deine Schwingungen nicht andere geworden, lichtere, hast Du Dich nicht in eine bessere Welt versetzt, aufgrund Deiner eigenen Kraft und Wunsch, Deine verstimmte Lage zu ändern?
Singen ist zum Beispiel eine gute Hilfe, die Schwingungen zu verwandeln. Wir wissen um die Macht des Gesanges unserer Vorfahren. Die mächtigen Gesänge der Gregorianik oder der Ostkirche; sie alle werden eingesetzt, um die Schwingungsfrequenz anzuheben, zu verbessern, uns in höhere Schwingungsbereiche zu versetzen.

Gesetz der Anziehung

Diese Zug-Kraft im Universum, die ähnliche Schwingungen füreinander empfänglich macht. Wir verstehen dies natürlich im spirituellen Sinn. Gleiche Gedanken ziehen sich an. Ausgesandte Gedanken schwingen mit ähnlichen im Gleichklang und kommen zur Quelle zurück. Gedanken auf der gleichen Wellenlänge finden sich zusammen; sie waren Vorbereitung für diese unsere Kirche, unsere Gruppe.

Gesetz der Evolution

Nach meiner Meinung ist dies das wichtigste Gesetz; das Gesetz von dem Du am meisten lernen kannst. Es ist der Urgrund aller daraus folgenden Gesetze. Wenn Du das Gesetz der Evolution verstehst, wirst Du auch begreifen, was der Sinn des Lebens auf dieser Erde ist. Du bist auf dieser Erde, um zu begreifen, daß Du ein Teil des Wachsens, Werdens, der Progression bist. Ein Fortschreiten von einer Stufe zu anderen. Aus den niederen Bewußtseinsbereichen hinauf zu den höheren. Das Erfassen immer größerer und höherer Bewußtseinszusammenhänge.

Das Nichts kann nicht existieren

Das letzte Mal begannen wir mit einem Bibelzitat „Im Anfang schuf Gott". Dieses bedeutet jedoch nicht, daß des jemals einen Punkt gab, an dem keine Schöpfung stattgefunden hat. Schöpfung ist ein immerwährender Prozeß. Wir sagen, daß das gesprochene Wort ein Gedanke Gottes ist, der Manifestationen zeitigt, ein Akt, den wir als göttliches Erschaffen bezeichnen.

Behaltet das Folgende im Bewußtsein „Das Nichts kann nicht existieren" Minus hat keine wirkliche Realität. Ihr sprecht in Begriffen wie Anfang und Ende. Gott ist immer im Stadium des Anfangs, er endet niemals und somit enden auch seine Gedanken niemals und alles was aus diesen Gedanken kam und kommen wird. Alles was aufhört zu existieren sind lediglich Erscheinungsformen. Die Formen sind Übergangsformen - der Urgrund dessen hört niemals auf zu existieren.

Das letzte Mal erzählte ich Euch, daß die Philosophen, die Wissenschaftler und die Theologen das Eine mit den ihnen zur Verfügung stehenden Worten umschreiben. Jeder meint das Gleiche. Auch die antiken Philosophen, die sich tief mit dem göttlichen Sein auseinandergesetzt haben, sind sich in ihren Umschreibungen nahe gekommen. Auch sie hatten die göttliche Führung durch Schutzwesen erfahren, die sie auf richtige Gedankenwege führten. Dies ist bedeutsam für Euch, meine Freunde, denn zu dieser göttlichen Führung habt auch Ihr Zugang. Sie hilft Euch. Wenn die Menschen von Schöpfung sprechen, bedeutet dies, daß es einen Schöpfer gibt. Es gibt nichts Geschaffenes ohne jemand, der geschaffen hat. Schaffen, Schöpfung bedeutet Sein. Sein ist Gott. Sein und Schöpfung haben keinen Anfang und kein Ende.
Spirituell sein, geistig sein, heißt: schaffen, kreativ sein. Eure Gedanken sind sehr wichtig, denn Ihr seid mit ihnen kreativ, Ihr schafft aufgrund Eurer Gedankenkraft, besonders wenn Ihr gelernt habt, Euch der göttlichen Kraft aufzuschließen. Durch Eure Geistigkeit seid Ihr kreative Wesen. Ihr werdet an einem Punkt anlangen, da das göttliche Bewußtsein sich durch Euch manife-

stieren wird. Eine negative Person schafft im gewissen Sinne auch, aber sie schafft auf ihrer eigenen Schwingungsebene. Deshalb ist das was dieser Mensch schafft, Verworrenes. Im universellen göttlichen Bewußtsein kann es nichts Verworrenes geben, und obwohl es unzählbare Formen gibt, besteht unter ihnen eine Einheit. Alles im Universum schwingt in Harmonie mit der göttlichen Schöpfung. Was wir Verworrenes nennen ist eigentlich der Kampf, ein Vorstadium bis die Form ihre Manifestation gefunden hat.

Gott schuf den Menschen, um mit ihm Gemeinschaft zu haben. Er machte keinen Automaten, denn ein Automat ist kein lebendiges Wesen. Er gab dem Menschen Freiheit der Wahl und setzte ihn über die Naturgesetze. Es ist interessant, daß der Mensch die Naturgesetze begreift. Er befindet sich in einer Evolution zu jener Kraft hin, die ihn durch einen Gedanken ins Leben rief. Daher ist er vom gleichen Stoff, der gleichen Substanz. dem ewigen Geist. Diejenigen unter Euch, die entschlossen den geistigen Lebensweg gehen, werden lernen diese kreative Kraft anzuwenden. Ihr werdet lernen, wie man durch die Kraft der Gedanken anderen helfen kann. Ihr werdet lernen, wie positive Gedanken Euren Körper heilen können, andere Körper die krank sind, zu heilen vermögen. Als intelligente Wesen wißt Ihr, daß Ihr gegen ein Naturgesetz verstoßen habt, wenn Ihr krank seid. In anderen Worten, irgendwo auf Eurem Weg habt Ihr versäumt, Euer Leben zu harmonisieren, Euer Leben mit dem Naturgesetz in Einklang zu bringen. Ungeachtet dessen ist das Gesetz noch unbeschadet. Wenn für 1000 Menschen gebetet wurde und keiner unter ihnen geheilt wurde und wenn für 1001 Menschen gebetet wurde und nur einer unter ihnen wurde geheilt, dann ist dieser Eine Zeugnis dafür, daß alle anderen Tausend hätten geheilt werden können.

Euer Glaube als geistige Wesen ist die geistige Kraft, die Euch hilft, Krankheit zu heilen.
Ihr habt Euch oft gewundert, warum die ganze Welt so aussieht, als sei sie über Nacht verrückt geworden. Es ist der Geist des neuen Zeitalters der die Erde in Schwingungen versetzt. Das alte Zeitalter liegt in seinen letzten Zügen, und es ist dies, das Ihr seht. Es ist die Unrast, die von den Menschen verspürt wird, die

Unzufriedenheit, die depressiven Gemüter. Denn wie der Geist des Neuen Zeitalters in die Aura Eurer Erde gelangt, erzeugt er große Vibrationen in Kollision mit dem Gesetz des Alten Zeitalters. Daraus entstehen Unrast und Unglücklichsein unter den Kindern des alten Gesetzes, jene die rein materialistisch denken.

Der Mensch hat die Fähigkeit, sich Gott bewußt zu werden, deshalb kann sich Gott ihm offenbaren. Durch Kontemplation macht sich der Mensch für die Offenbarungen Gottes aufnahmebereit. Offenbarungen sind in vollkommenem Einklang mit den Gesetzen im Universum. Gott schuf nichts, das negativer Natur ist. Wenn negative Dinge auf Euch zukommen, dann nur, weil Ihr das Negative erschaffen habt, daher löscht es aus, denn was Ihr geschaffen habt, das könnt Ihr wieder abschaffen. Die Form, die Ihr schafft, könnt Ihr wieder neutralisieren. Wenn Euch das Negative anspringt, ignoriert es nicht. Formt das genaue Gegenteil dieses Negativen, prägt es Eurem Bewußtsein ein und löst seine negative Gegen-Form endgültig auf.

Erinnert Euch: Ihr erntet heute, was Ihr gestern gesät habt. Auch wenn Ihr heute damit beginnt, gute Saat aufgehen zu lassen, bedeutet dies noch nicht, daß die Saat von gestern verschwindet. Es bedeutet, wenn Ihr konsequent gute Gedanken sät, wird Eure Ernte von morgen besser aussehen. Glaubt nicht, daß 5 oder 10 Minuten positiven Denkens 24 Stunden negativen Denkens ungeschehen machen könnte. Es nützt nichts, sich einzutrichtern „Ich denke positiv", wenn man dabei die ganze Zeit über Sorgen pflegt. Dies ist kein positives Denken. Lernt, das Negative loszulassen. Entwickelt eine glückliche, friedliche Geisteshaltung.

Ein Mensch, der seinen Geist dazu benutzt, Empfänger von Negativem zu sein, verdient, was er bekommt. Dies betrifft die Menschen, die mit all ihren Wehklagen zu Euch kommen. Wenn Ihr den Mülleimer für das Denken Eurer Mitmenschen spielt, erhaltet Ihr was Ihr verdient. Niemand ist verpflichtet, das Negative des anderen aufzunehmen. -Ja- zu sagen zu seinen Mitmenschen ist eine Sache, eine andere -Nein- zur eigenen Aufnahme ihrer negativen Gedanken. Sagt ihnen: wir wollen nicht im Negativen verweilen, sondern wir wollen positive Gedanken austauschen.

Wenn diese Menschen aber auf ihren negativen Lebensäußerungen bestehen, dann sagt: es tut mir leid. Ich möchte sie nicht hören. Zum Klatsch gehören immer 2 Personen: eine die erzählt, die andere die zuhört. Wenn Ihr ein geistiges Leben führen wollt, wenn Ihr schöpferisches Leben führen wollt, sollt Ihr Euch den negativen Äußerungen nicht aussetzen. Begreift Ihr, daß Ihr Euch Dornen in Euer Leben säen würdet? Wenn Ihr lernt, die Kraft des rechten Denkens zu gebrauchen, werdet Ihr den Kontakt mit negativen Menschen nicht pflegen. Ihr könnt einem Menschen, der beständig in seinen Problemen leben will, nicht helfen. Es gibt viel zu viele schöne Dinge, über die sich das nachdenken lohnt. Einem wahren Sucher ist das Negative nichtexistent. Es ist nur ein Bild, ein Irrbild im Hirn des Menschen, der davon redet. Bloßes Anhören der Probleme anderer wird sie nicht lösen. Das Anhören aber schädigt Euch, während es den anderen nicht helfen kann.

Der Gedanke ist nicht ewig. Der Urgrund des Gedanken aber ist ewig. Ein Gedanke ist eine Form und eine Form kann sich ändern. Das gesprochene Wort, das den Gedanken schuf oder der Urgrund des Gedanken ändern sich nicht. Ihr seid, was Ihr erschafft, und wenn Ihr beginnt, die göttliche Vollkommenheit und den göttlichen Plan in allem zu sehen, weil Ihr Euch selber geholfen habt, dann seid Ihr in der besseren Position anderen helfen zu können.

Ihr werdet überrascht sein, wie sich Euer Leben verändern wird. Wie Ihr Euch verbessern könnt und dadurch auch alle die um Euch herum sind. Ein Mensch, der positiv denkt, kann einen negativ denkenden Menschen kontrollieren.

Es gibt keinen Menschen, dem nicht schon einmal geholfen wurde. Durch einen Arzt, einen Geistlichen, einen Schutzgeist oder irgendjemand anders. Was Ihr das Negative nennt oder das Schlechte ist nichts als Euer verdrehtes Konzept. Der Fehler liegt in Eurem Denken. Es ist eigentlich eine korrigierende Kraft, denn sie straft Euch durch Euch selber. Ihr denkt, daß Ihr ein problematisches Leben habt, aber später werdet Ihr dankbar sein für diese Erfahrung, die Euch weitergebracht hat und Euch auf Eurem Wege der geistigen Entwicklung weitergeführt hat. Der

Mensch macht seine Fortschritte durch seine inneren Konflikte. Es ist die treibende Kraft in ihm, die ihn für besseres Kämpfen antreibt. Eure Unzufriedenheit treibt Euch an, eine bessere Situation zu schaffen. Konflikte sind hilfreich! Zieht daraus Eure Motivationen für konstruktive Ziele, aber macht nicht den Fehler, sie zum Ausgangspunkt für destruktive Wege zu machen.

Diese Überlegungen führen mich dazu etwas über die Bibel zu sagen. Ihre Lehren betonen immer wieder den Wert des einzelnen Menschen. Nehmt das Gleichnis vom guten Hirten. Ein einziges Schaf war der Herde entlaufen, und er ging hin, es zu suchen. Der heilige Geist ist immer auf der Suche nach denen, die im Dunkeln sitzen, auf der Schattenseite des Lebens.

Ihr seid Eures Bruders Hüter, aber seine Last muß er selber tragen.

Es gibt nichts Gutes noch Schlechtes, nur das Denken macht es dazu. Wie aber kann man sich den negativen Einflüssen entziehen? Glaubt mir nur: es ist leichter, positiv zu leben als negativ. Aber es ist auch richtig, daß es keinen Fortschritt ohne Mühe gibt. Es ist unmöglich, zu einer höheren Bewußtseinsstufe zu gelangen unter Beibehaltung des status quo, der derzeitigen Haltung. Macht Euch die materiellen Dinge dieser Welt zudiensten, aber macht es nicht umgekehrt: dient nicht den materiellen Dingen dieser Welt. So einfach ist das. Warum macht Ihr so eine harte Aufgabe daraus? Wenn Ihr beginnt, konsequent zu sein, werdet Ihr selber merken, wie leicht es ist schöne Gedanken erstehen zu lassen.

Einige Menschen schaffen sich heute etwas, um es morgen wieder zu zerstören. Dieses Bewußtsein positiver Einstellung müßt Ihr konsequent in Euch erarbeiten. Motiviert Euch immer positiv. Geht mit Gebeten gegen dieses negative Dunkel an, gegen die Unwissenheit die Euer Leben umgibt, gegen die Barrieren die die göttliche Gegenwart von Euch abhält. Wenn Ihr diesen Rat befolgt und in die Tat umsetzt, werdet Ihr ein Segen für Eure Mitmenschen sein und für Euch selber.

Im Anfang
Um mit einer Bibelstelle zu beginnen: „Im Anfang schuf Gott".
Im Anfang war der Stoff des Ewigen, das ewige Material, von dem alles übrige gemacht und geformt wurde. Die Essenz des Reinen Geistes. Die Essenz des Reinen Bewußtseins, welches alles verstand, alles wußte. Die Natur dieses Reinen Bewußtseins dieses großen Seins war schöpferisch. Diese große Kraft, absolute Intelligenz begann Gedanken zu schaffen. Diese Gedanken sind unseren Worten vergleichbar, das was wir als Worte bezeichnen.
Wenn Das Wort gesprochen ist, geht in diesem Wort die Essenz dessen der es ausgesprochen hat, mit und schafft eine Form, eine göttliche Form. Ehe die Form geschaffen wurde, so sagen wir, tritt Das Wort in Kraft, denn das gesprochene Wort hat eine Gesetzmäßigkeit. Gäbe es diese Gesetzmäßigkeit nicht, herrscht Wirrwarr im Universum. Alles arbeitet im Einklang mit dem göttlichen Plan.

Lange bevor es Planeten gab, bevor es irgendeine Form von Leben gab, begann Dieses Reine Bewußtsein aus sich selbst zu schaffen. Es entstanden alle die Formen, Pflanzen, Sterne und Himmel, die Planeten im Universum. Dieses Reine Bewußtsein befand diese ganze Schöpfung als „gut". Wie könnte es auch anders lauten, da doch alles aus der Ewigen Güte geschaffen wurde?

Danach entstand der Mensch. Ein Wesen, das dieses Reine Bewußtsein erkennen konnte, das eine göttliche Verbindung mit seinem Schöpfer eingehen konnte. Ein Wesen mit einem eigenen Willen entstand - kein Automat.

Der Mensch erhielt die Herrschaft über alles auf der Erde und er setzte allem einen Namen. Dem Menschen ist keine Herrschaft über das Universum gegeben, dieses unterliegt anderen Gesetzen. Wenn wir dies verstehen, so führt uns dieser Gedankengang weiter : Was ist der Sinn des Erdenlebens?

Der Mensch entsprang dem Gedanken Gottes. Der Gedanke nahm Gestalt an. Der Mensch ist ewig, und wenn man ihn als einen Gedanken Gottes ansieht, hat er von Anbeginn existiert.

Wir beginnen zu begreifen, daß das irdische Leben aus mehr besteht als aus Lebenskampf, Kummer, Sorgen, Leid. Leben muß eine Bedeutung haben. Es muß etwas beinhalten, das Euch veranlaßt, das Leben ganz ausleben zu wollen. Ein Mensch, der im göttlichen Bewußtsein lebt, fängt an, für etwas zu leben. Er bewahrt in seinem Wesen die göttliche Gegenwart, so daß man sagen kann, wo dieser Mensch ist, ist der göttliche Geist gegenwärtig.

In der Sprache der Religionen haben wir mancherlei Bezeichnungen. Wir können sagen „Er ist Gott"; Er ist das göttliche Prinzip, „Der Anfang". Im Grunde meinen Wissenschaftler, Philosophen, Theologen alle dasselbe, wenn sie von der Universellen Kraft sprechen. Jeder von ihnen hat ein eigenes Konzept über dieses Prinzip, diese Realität, diesen Gott. Alle beschreiben es mit den Mitteln ihres eigenen Verstandes.
Auf dem Wege Eurer Weiterentwicklung hört Ihr einmal auf, Gott für Eure eigenen Mißgeschicke verantwortlich zu machen. Ihr versucht herauszufinden, warum sie passierten und welche Lehre Ihr daraus lernen könnt. Alles im Universum ist das Resultat eines gesprochenen Wortes aufgrund der Gesetzmäßigkeit die dem gesprochenen Wort eigen ist. Daher ist alles, jedes Ereignis, Aktion, das Ergebnis eines wunderbar gesprochenen Wortes. Es kann in keiner Weise schlecht sein. Es ist gut, sehr gut. Wenn Ihr erst dies richtig verinnerlicht habt, dann werdet Ihr durch die Härten des Lebens kaum zu besiegen sein.

Der Mensch hat die Kraft, zu wachsen. Er kann in ein Verständnis seines Ebenbildes mit seinem Schöpfer hineinwachsen. Schaut aber nicht auf das Ziel und wie schnell Ihr es erreicht. Es ist nicht wichtig, wieviel ein Mensch gelernt hat, sondern wie er das Gelernte anzuwenden in der Lage ist, in Hinblick darauf, die Welt besser zu machen. Es gibt einiges zu tun in der Bewegung des Neuen Zeitalters, und es wird getan werden, und es wird sich als Widerhall in jedes Einzelnen Leben finden lassen. Ihr selber könnt mit Euren Worten Dinge manifest werden lassen und ein gut gesprochenes Wort wird Euch selber zum Segen werden. Die Generation von morgen wird es Euch danken, wenn Ihr das Wassermann-Zeitalter mit einem guten Fundament versehen.

Ich möchte Euch zu dem Bewußtsein erwecken, daß Ihr kraft Eurer Ebenbildheit zu wunderbaren Taten und Gedanken fähig seid. Ich möchte Euch den Urgrund vermitteln, Gottes Gegenwart, so daß Ihr ein Wissen darüber entwickelt und tief in Euch verwurzelt. Dieses ist die Aufgabe der Schutzgeister im Universum. Warum, glaubt Ihr, spricht die Bibel so direkt, wenn die Rede von Engeln ist? (Hebräer 1,14) „Sind sie nicht allzumal dienstbare Geister, ausgesandt zum Dienst um derer willen, die ererben sollten die Seligkeit?" Was ist unter dieser Seligkeit zu verstehen? Es bedeutet, die Erkenntnis zu erwerben über jenen Anfang aus dem Ihr gekommen seid. Es bedeutet geistiges Wachstum. Es bedeutet geistige Kraft. Es bedeutet, daß Ihr eine solche Kraft des Geistes entwickeln könnt, die ans Wunderbare grenzt.

Alles im Universum ist Ausdruck der Gedanken der Universellen Absoluten Intelligenz. Warum sollten wir sie nicht nützen? Sie ist für einen jeden Menschen da in Fülle.

Da gibt es Menschen, die noch auf einer niedrigeren Bewußtseinsstufe stehen als Ihr. Helft Ihnen, so wie wir Euch helfen, so wie Christus uns geholfen hat, vom Grabe erstanden ist, so sollt Ihr aus dem Grab der Unwissenheit, der Furcht und des Aberglaubens herauskommen. Ihr seid ins Licht gehoben worden. Dies ist der wahre Sinn der Auferstehung. Die Wiedergeburt des Christus-Bewußtseins in Euch. Unsere Körper sind Särgen gleich oder Grabsteinen, die uns einmauern. Aber durch diese Geburt Christi in uns werden wir uns daraus befreien.
Christus und Buddha waren Meister. Sie lebten in der absoluten Gegenwart Gottes. Ihr selbst seid noch Schüler; aber die absolute Gegenwart des göttlichen Geistes ist unbegrenzt und unendlich.

Ihr denkt immer in Begriffen wie Anfang oder Ende. Zwischen den Ereignissen sagt Ihr: „Es verging Zeit", aber wenn Ihr sagt: „Absolute Intelligenz" dann ist dies weit jenseits Eurer Fähigkeit des Begreifens und Verstehens, Ihr könnt es jetzt noch nicht erfassen. Wenn Ihr aber erst von der Einzigen und Wahren Essenz erfaßt worden seid, werdet Ihr Euch bewußt werden, daß Ihr ein Teil des Ganzen seid, das schon immer existiert hat.

Victory, wir nehmen an !

Liebe Schüler und Freunde -

wahrhaftig - die Kosmische Stunde hat geschlagen - und ihr nähert euch mehr und mehr zu Gott, der Allmächtigen Gegenwart I AM! Ihr seid bevorzugt, der Menschheit den Dienst leisten zu dürfen, den das Kosmische Licht von den Menschen erwartet, um diese Notwendige, unbegrenzte Hilfe gewähren zu können.

Seit tausenden von Jahrhunderten war Ich immer siegreich in allem auf was Ich Meine Aufmerksamkeit richtete - deshalb Bin Ich -I AM- imstande, euch zu helfen; aus freien Stücken habe Ich Mich entschlossen, Europa zu seinem Sieg im Licht zu verhelfen.

Ihr erinnert euch, daß ihr Freunde gesucht habt in der menschlichen Oktave und Autorität, ihr hattet Vertrauen in Wesen, die euch täuschten. Nun aber sage Ich euch: daß ihr Freunde des Lichtes um der Macht gefunden habt, denen ihr voll vertrauen dürft - sie werden euch nie enttäuschen.

Haltet euch in dieser Kosmischen Stunde an diese Freunde und seid versichert, daß nicht Einer euch fallen läßt oder enttäuschen wird. Sie halten euch auf dem laufenden von allem, was passiert in Europa, um jeden Versuch von Betrug oder Verrat in den Regierungen zuvorzukommen.

Meine Macht des Sieges, die Ich in eure Gefühlskörper einstrahle, möge dort verankert bleiben und euch helfen, dort die Verankerung eures eigenen Lebens mit solcher Intensität festzuhalten, daß ihr von dem, was die äußere Welt versucht, euch aufzuzwingen, nicht mehr berührt werden könnt. Möge eure auswählende und unterscheidende Intelligenz so gesteigert werden, daß ihr immer wachsam seid, immer auf der Hut, immer bereit, den Anruf an eure I AM-Gegenwart zu machen, damit Sie euch den Dienst leistet, den niemand verhindern kann.

Ich lade eure Gefühlswelt mit diesem Mächtigen Energiestrom auf. Nehmet Ihn an mit der gleichen ehrlichen und liebenden Aufrichtigkeit, mit welcher Ich Ihn euch anbiete. Dies ist eine große Gelegenheit, Meine lieben Freunde und selbst, wenn ihr noch nicht alles versteht, was Ich tue, nehmt es an - es bringt euch nur Segnungen. Ihr werdet in den nächsten Monaten genügend Beweise erhalten von der Wirklichkeit dessen, womit Ich eure Gefühlswelt aufgeladen habe.

Gestattet Mir, euch daran zu erinnern, daß ihr es mit Freunden zu tun habt, mit welchen in Kontakt zu kommen die Bewohner der Erde sehr selten das Privileg hatten. Wäre euer Geliebter Saint Germain nicht gewesen, wo würdet ihr in Europa zur Zeit sein? Euer Kontinent, so schön er auch ist, würde nicht mehr bestehen. Für euch in eurer menschlichen Form, ist es nicht leicht, das zu verstehen. Wenn ihr nicht glauben könnt, daß Wir der Erde eine so große Hilfe geben, dann brauchen Wir uns nur drei Monate zurückzuziehen, dann werdet ihr wissen, ob Wir euch beschützen.
Die Menschen neigen leicht dazu, Uns herauszufordern - aber es ist nicht weise, den Schutz, gegeben durch die Macht des Lichtes, zu leugnen. Seid wenigstens höflich dem Leben gegenüber und sagt: „Gut, ich verstehe noch nicht recht." Aber leugnet nie die Existenz einer Licht-Macht, eines Tages wird das Leben von euch darüber Rechenschaft fordern.

Meine Geliebten, könnt ihr ermessen, wie sehr Wir euch lieben, euch, die ihr strebt, die Meisterschaft und die Freiheit des Lebens zu erreichen. Denkt nicht, daß wir nicht sehen und wissen, wie eure Herzen sich sehnen nach Harmonie, Glück, Überfluß und der Fähigkeit zu dienen - und das seit eurer Kindheit.

Die Anzahl der Jahre hat keine Bedeutung, ihr seid nicht so alt, wie es scheint. Trotzdem eure Haare weiß sind, sind eure Herzen jung - und eure Herzen sind die Gegenwart in euren menschlichen Formen und sie altern nie. Fühlt dies tiefer denn je!

Meine Geliebten, da das Leben ewig ist, wartet Es nur, daß ihr Seine Herrschaft über alle menschlichen Umstände annehmt, um durch Seine unbeschränkte Macht eure menschlichen Formen „neu zu gebären". Versteht ihr das richtig? Darf Ich es wiederholen: „erneuern, neu zu modellieren" eure menschliche Form. Ich kann nicht anders als lächeln, wenn Ich sehe, mit welcher Intensität die Menschen wünschen, ein Phänomen - ein sogenanntes Mirakel zu sehen. Seid nicht entmutigt, es könnte kommen. Nehmen Wir an, daß, um euch zu befriedigen, Wir hier vor euren Augen vier Personen körperlich völlig umwandeln würden, - sie schöner machen - was würdet ihr dazu sagen?

Morgen früh würden die meisten von euch sagen: „Ganz sicher, sie haben uns gestern gehabt - ich wette, daß Sie uns hypnotisiert haben und daß in Wirklichkeit garnichts passiert ist."

Also, Meine Geliebten, seid so freundlich und habet Vertrauen in die Weisheit der Großen Wesen, die euch, wenn die Weisheit des Lebens es Ihnen gestatten wird, unbeschränkte Beweise Ihrer Gegenwart, Ihrer Autorität und Ihrer Fähigkeiten geben werden.

Ich wiederhole: „Wir sind eure Freunde und nichts kann Uns daran hindern, eure Freunde zu sein!" Denkt an die Freude der neuen Schüler, die Uns noch nicht kennen. -
Nun wohl, Wir laden euch ein, Uns zu begegnen. Ich glaube, daß ihr nicht richtig versteht, was Ich sage? Ich werde wiederholen: „Wir laden euch ein. Uns zu begegnen!"

Die Schüler antworten alle zusammen:

„Victory - wir nehmen an!"

An dem Tage, wo ihr verstehen werdet, was eure Annahme bedeutet, wird eure Freude ohne Grenzen sein! Ihr wißt noch nicht genau, Meine Geliebten, was ihr da getan habt. Ich aber werde euch immer lieben und segnen, weil ihr Meine Einladung angenommen habt.

Ich werde versuchen, es euch zu erklären. Worte sind unzulänglich, aber sie werden genügend Verständnis herbeiführen, um euch erkennen zu lassen, welche Explosion von Wirklichkeit ihr geschaffen habt. Das war ein sehr mächtiges Gefühl, erkennt ihr es, Meine Lieben?

Wenn das Leben als Antwort solch ein mächtiges Gefühl ausdrückt, wißt ihr äußerlich nicht, daß ihr das „Gesetz des Lebens" in Tätigkeit gesetzt habt, das auf euren Anruf wartet, um Seine große Vollkommenheit, derer ihr bedürft freizusetzen. Ihr habt Türen von Sphären geöffnet, von welchen ihr nicht einmal geträumt habt! Nehmt in aller Einfachheit an, was Ich euch sage.

Mächte des Lichtes - was soll Ich mit diesen Kindern tun?

Die Menschen haben nicht begriffen, daß Wir Wesen der Großen Wirklichkeit - des Glückes und der Güte sind; eines Tages aber, wenn ihr Meine Einladung annehmt, werdet ihr feststellen, daß das Leben nicht kämpft! Kostbare Freunde, das LEBEN kämpft nicht!

Ich lade die Gefühle der Menschen mit dieser Überzeugung so stark auf, daß es eines Tages möglich sein wird, ein großes Bankett zu geben, bei welchem Saint Germain an einem Ende des Tisches und Ich am anderen Ende sitze. Ihr, die ihr »Enthüllte Geheimnisse« und die »Magische Gegenwart« gelesen habt, wißt daß die Gegenwart des Lebens ein Bankett gegeben hat, an welchem mehr als 200 Personen teilgenommen haben. Ihr seid dem Moment näher als ihr denkt, wo ihr solche natürlichen Dinge sehen werdet. Moment näher als ihr denkt, wo ihr solche natürlichen Dinge sehen werdet. Alles, was so transzendent und übernatürlich erscheint, wenn Wir ab und zu darüber sprechen ist tatsächlich eine vollkommene, natürliche Tätigkeit des Lebens.

Ihr seid gerade so wunderbar harmonisch - versucht zu verstehen, daß alles, was sich hier manifestiert, erst in der Oktave des Lichtes in den vollkommenen Zustand gebracht wurde; auch eure Entwürfe werden zuerst dort vervollkommnet, denn Alles, was sich auf der Erde manifestiert, wird zuerst »Oben« entworfen.

Die Oktave des Lichtes ist so wirklich und greifbar wie eure Oktave - so greifbar, wie die Gebäude, in dem ihr euch befindet. Versuchtet zu verstehen, daß für Uns, die Wir in einer höheren Schwingungstätigkeit sind, in der Oktave des Lichtes und den Goldenen Städten über der Sahara oder irgendwo anders, alles genau so fühlbar und greifbar ist, wie eure Gebäude hier. Natürlich ist die Substanz der Lichtsphäre viel feinstofflicher als die grobstoffliche Manifestation. Unsere Bauten sind für Unsere Aufgestiegenen Körper so wirklich, wie eure Gebäude für eure physischen Körper. Denkt jeden Tag etwas darüber nach und ihr werdet feststellen, daß eure Gefühle bald als natürlich annehmen, was jetzt noch als transzendent erscheint.

Ich sage euch, es gibt in der ganzen Welt nichts transzendentes! Alles ist eine vollkommene und natürliche Tätigkeit dieses Lebens, das euch belebt. Durch das wachsende Verständnis der Gesetze des Lebens erscheint alles wirklich, natürlich und greifbar; ihr bekommt die Möglichkeit, alles zu vollbringen, was ihr wünscht.

Meine Geliebten, versucht zu fühlen und zu verstehen, wie natürlich und wirklich Wir sind, bringt also doch die Vollkommenheit Unserer Oktave in die menschliche Oktave, wo sie so dringend nötig ist. Wir sind eure Freunde und bieten euch Unsere Vollkommenheit an.
Ihr habt die Autorität zu dekretieren, was ihr in eurer Welt in Manifestation haben wollt. Wenn ihr Vollkommenheit dekretiert, warum solltet ihr Sie nicht bekommen? Wenn ihr eine Sache dekretiert, habt ihr das Gesetz in Tätigkeit gesetzt, um diese Sache für euch zu erzeugen.

Versteht das besser denn je, Meine lieben Freunde. Wenn ihr für eine Sache dekretiert, habt ihr das Mächtigste Gesetz des Universums in Tätigkeit gesetzt, um das zu vollbringen und wenn eure menschlichen Gefühle, ohne zu wanken bei diesem Dekret bleiben, wird es sich so sicher manifestieren, wie ihr es gegeben habt.

Ich bemühe Mich, euer Bewußtsein zu erhöhen, um das, was ihr transzendent nennt, für euch wirklich zu machen, denn Ich behaupte, daß Alles nur das Leben in seiner vollkommenen, natürlichen und praktischen Tätigkeit ist von dieser Erde bis hinauf in die Großen Sphären des Lichtes. Auf den anderen Planeten herrscht eine große, natürliche Vollkommenheit. Ihr wäret sehr überrascht, wenn ihr plötzlich auf die Venus gebracht würdet. Wir haben dort alle praktischen, vollkommenen Sachen. Erinnert euch, daß Venus Meine Heimat ist - I AM - ICH BIN zur Zeit weit von Meinem Planeten entfernt. Ich habe diese Reise vor einigen Jahren unternommen.

Als Ich Godfré und Lotus das erste Mal im Royal Teton begegnete, habe Ich gesagt: „Ich werde hierbleiben und ihnen die durch das Leben geforderte Hilfe geben."

Meine Geliebten, Wir freuen Uns sehr, daß ihr dem Ruf eures eigenen Herzens gehorcht habt. Ihr hättet das nie getan, ohne den Druck des Lichtes in euren Herzen. Wenn ihr auch noch nicht ganz versteht, was ihr hört, es gibt zweifellos nur eine einzige Quelle der Tätigkeit: „Das Licht eures eigenen Herzens!"

Ich wünsche, daß ihr dies einseht und versteht. Niemand ist imstande, zu handeln oder sich zu bewegen, ohne das in seinem Herzen verankerte Licht. Wie glorreich ist es festzustellen, daß das Licht nach Jahrhunderten der Vergangenheit, Seine Herrschaft wieder angetreten hat und daß die Menschen das »Licht in Tätigkeit« sind. Sobald ihr wieder unter dem Antrieb eures Herzens handelt - oh welch wunderbare Dinge wird das Leben für euch vollbringen.

Meine Geliebten - b e t e t - das Leben an!

Gebt eure Aufmerksamkeit an die Gegenwart des Lebens - die Mächtige I AM - konzentriert euch mehr denn je in ruhiger Meisterschaft und Anbetung auf diese Gegenwart, um Ihr zu gestatten, euch zu überfluten mit der Fülle von Allem, was Sie euch geben will. Sie ist bereit, es zu tun - Sie ist bereit, Harmonie und die Ausdehnung des Lichtes zu erzeugen.

Wenn alle Reichtümer, all das Geld, das nutzlos vergeudet wird mit Nichtigkeiten, benutzt würde im Dienste dieses Lichtes, welche Umwandlung würde in Europa innerhalb von sechs Monaten stattfinden! Eines Tages werdet ihr sehr glücklich und dankbar sein, ein Teil dieser Vorhut des Lichtes - dieser Armee des Lichtes, welche gekleidet in die Kristall-Rüstung über die Erde fegt, gewesen zu sein. Traget ihr immer diese Rüstung? Habt ihr Mich schon besucht, gekleidet in diese Rüstung?
Wir sind uns keine Unbekannten - Ich sage es euch. Während eure grobstofflichen Körper schlafen, nützen Wir diese Gelegen-

heit, euch zu begegnen, eure Hände zu nehmen, sie zu drücken und zu sagen: „Kinder der Erde - vorwärts - vorwärts - seid beharrlich!"

Denkt daran, bevor ihr zum Schlafen geht und ihr werdet aufwachen, aufgeladen mit einer unvorstellbaren Kraft und Energie. Ich sage dies speziell für jene, welche ein menschliches Gefühl für das Alter haben. Versucht es! Schenkt Uns vor dem Schlafengehen eure Aufmerksamkeit -erst eurer Gegenwart, dann Uns- und bittet, mit Unserer dauernden Energie und Unserer Tätigkeit der ewigen Jugend aufgeladen zu werden. Beobachtet, ob ihr nicht eine Veränderung feststellen werdet., Wir bieten euch die Gegenwart des Lebens an und Wir wissen, wie Sie freizusetzen ist. Wenn ihr diesen Anruf macht, haben Wir die Möglichkeit, das zu geben, was in euren Gefühlen fehlt, bis ihr Meister über Substanz und Schwingung seid.

Folget Mir während einiger Augenblicke. Wißt ihr, daß ohne die Schwingungstätigkeit des Lebens in euren Körpern, die Struktur des Körpers nicht länger als 15 Minuten bestehen könnte? Das ist die Wahrheit des Lebens! Jede Mächtige Tätigkeit des Lebens ist Substanz und Schwingung. Folglich ist die Macht des Lebens in euch, die Schwingungstätigkeit, die die Funktion jedes Organes aufrecht erhält. Sie läßt das Blut in den Adern kreisen und die Nervenflüssigkeit in den Nerven strömen. Warum dann noch glauben, daß das Leben Seine Vollkommenheit in euren menschlichen Formen nicht ausdrücken kann? Einfach deshalb, weil die Erscheinungen euch glauben ließen, daß es schwierig ist. Entfernet die die scheinbaren Schwierigkeiten aus euren Gefühlen und gestattet dem Leben, euch zu befreien. Denkt an eure Macht der Qualifikation, die unaufhörlich durch das gesprochene Wort wirkt und seid sehr vorsichtig, Meine Geliebten mit dem Gesetz ist nicht zu spotten - das Gesetz könnte über euch spotten. -

Seid vorsichtig! Seht, ihr seid verantwortlich für jede Schwingung, die ihr in eure Tätigkeitssphäre aussendet. Ihr versteht das nicht genügend, aber es ist eine Tatsache, daß ihr kein Wort aussprechen, kein Gefühl haben könnt, das nicht eine Schwingungstätigkeit in eurer Welt auslöst. Wenn ihr verstündet, die Machtworte der Aufgestiegenen Meister aus euren I AM-Texten, euren Mächtigen I AM-Anrufungen, auszusenden und danach leben würdet, könnte sich die Vollkommenheit der Aufgestiegenen Meister, Welche in euren Worten ausgedrückt ist, sehr schnell für euch manifestieren.

Ich flehe euch an, sagt niemals: „Ich kann nicht" - „ich habe nicht" - „es ist mir nicht gelungen" usw., sprecht diese Worte nicht mehr, ihr sprecht eine Lüge dem Leben gegenüber aus, eine Gotteslästerung. I AM - ICH BIN sehr ernst, wenn Ich dies sage, ihr seid untreu und ungerecht dem Leben gegenüber, wenn ihr sagt: „ich bin krank" - „ich bin unglücklich" - „ich bin arm - hilflos" - „ich bin ein Opfer der Umstände" usw. Was schafft unglückliche Umstände? Nur eure Verneinung der Mächte des Lebens - der Mächtigen Gegenwart I AM!

Ich bitte euch, überwacht eure Worte und die Schwingungstätigkeit, die durch eure Gefühlskörper ausgesandt wird. Ihr wißt, daß euer Gefühlskörper eure Energie-Reserve ist und wenn ihr diese Reserve belastet mit Disharmonie, Beschränkungen usw. - wie könnt ihr dann erwarten, Harmonie, Glück und den Sieg des Lebens zu offenbaren?

Würdet ihr euch 30 Tage beobachten, könntet ihr feststellen, warum Ich so stark auf diesen Punkt drücke und das würde Uns gestatten, die Hilfe zu geben, die das Leben euch gewähren möchte. Dann würdet ihr schnell genügend Meisterschaft erreichen, um Unsere - gegenwärtig noch sehr nötige Hilfe zu erreichen.

Ich schätze unendlich eure Liebe und Güte, welche Mir gestatten, für euch einen viel größeren Dienst zu leisten, als ihr es euch vorstellen könnt. Beobachtet eure Gefühle und eure Umgebung und wir werden dann sehen, ob ihr nicht in sechs Monaten zu Mir kommen und sagen werdet, daß „Mein Sieg in euch in Tätigkeit ist!"

Mächte des Lichtes! Hüllet die Bewohner der Erde, die Geliebten Schüler des Lichtes ein in Euer Licht und bekleidet sie mit Eurer Kristall-Rüstung bis zu Tage ihrer Auffahrt!

Hüllet sie ein in die Glorie Eurer Gegenwart in Eure Mächtige Strahlung, welche mittels der Kristall-Rüstung in ein Tätigkeitsfeld in der menschlichen Oktave aufrecht erhalten ist - möge sich ihr vollkommener Dienst für die Völker Europas vollziehen und jeder durch den Anruf an das Leben den Maximaldienst leisten -für sich selbst und für die nötige Hilfe für Europa- jetzt!

Denkt daran, daß euer Kelch von Licht überfließen muß, damit Es sich über Europa und die Welt ergießt.

Erinnert euch, Kinder des Lichtes, daß ihr einen wichtigen Dienst zu leisten habt. Wenn eine größere Anzahl Wesen in das Licht der Mächtigen Gegenwart I AM gezogen sein werden, dann wird der Dienst des Lichtes leichter sein für alle, es wird sich eine große, einzige Familie in glücklicher Tätigkeit bilden, um die Mächte des Lichtes freizusetzen - alle werden sich gegenseitig segnen - und alle Abneigung wird verschwinden.
Meine Geliebten, nehmt Meinen Segen mit euch - traget Mein Gewand - Meine Kristall-Rüstung - um in der Welt zu leben, ohne von ihr berührt zu werden.

Die menschliche Disharmonie wird euch nicht berühren.

In der Harmonie des Lebens werdet ihr imstande sein, die Vollkommenheit des Lebens in Offenbarung zu rufen, mit solcher Schnelligkeit und Kraft, daß niemand mehr die Gegenwart und die Macht des Lebens und Seinen Sieg über alle menschliche Schöpfung in Zweifel stellen wird!

Ich danke euch

Victory

VATER–MUTTER–LICHT
INDIVIDUALITÄT

......

Wir bitten das Geliebte VATER-MUTTER LICHT uns einige Gedanken zu vermitteln, das Thema betreffend, das wir behandelt haben.

......

„ICH VATER-MUTTER LICHT wünsche gewußt zu sein;
ICH wünsche gefühlt zu sein;
ICH wünsche erkannt zu sein
als das, was ist
das ALL-PRAKTISCHE, das ALL-GREIFBARE, die ALL-SUBSTANZ, der ALL-STOFF, die ALL-ENERGIE, die ALL-INTELLIGENZ!"

Während vieler vergangener Zeitalter, habe ICH Mein Volk veranlaßt, MICH GOTT zu nennen, den Gott der Liebe, den Gott der Barmherzigkeit, den Gott der Vergebung, den Gott der Macht; und ICH war ein gerechter Gott und ICH war ein zuverlässiger Gott und ICH war ein freundlicher und liebenswürdiger Gott, in den besten Vorstellungsbildern, welche Meine Kinder von Mir hatten. Und durch diese Namen und durch diese Abstraktion, die sie hatten, geschah es, daß diese Qualitäten von Mir in ihnen wuchsen.

Nun ist die Zeit gekommen, da andere Attribute, andere Qualitäten sich einzuprägen und sich einzuzeichnen haben, zu üben und zu leben sind in Meinen Kindern. Und nun ist es soweit, daß sie zu lernen haben, dies alles zu praktizieren.
Ihr wisset, alles LEBEN ist Praxis.
Es ist notwendig,
daß sie MICH fühlen;
Es ist notwendig,
daß sie MICH in ihrem Wissen haben.

Ja es ist notwendig, daß sie von MIR Gebrauch machen in Allem, deren sie sich durch ihre niederen und höheren Sinnesorgane gewahr werden.

BIN ICH nicht der innewohnende Schöpfer von allem? Von Sonnen, Planeten, Monden, von allen Dingen in und durch und um diese Körper? BIN ICH nicht der innewohnende Schöpfer der Erde? Der Luft, des Feuers, des Wassers? BIN ICH nicht der innewohnende Schöpfer der Engel, der Menschen, der Tiere, der Felsen und der Atmosphäre, des Wetters, des Lichtes und der Dunkelheit? Und was immer an Gerechtigkeit, Genauigkeit, Barmherzigkeit, Liebe und Vergebung und vieler anderer Qualitäten mehr sie von MIR SELBST übernommen haben. ICH war es, der sie in das Bewußtsein Meiner Kinder eingezeichnet hat.

Alle diese Eigenschaften müssen erkannt werden in allem, in den kleinsten und in den größten Dingen, die ICH erschaffen habe, bis ihr erkennt, daß ICH und Meine Qualitäten in jedem einzelnen Partikel leben, die ihr Elektronen Meines Wesens nennt Deshalb habe ICH einigen Meiner Kinder, aufgestiegen und unaufgestiegen, den Eindruck vermittelt, MICH VATER-MUTTER-LICHT zu nennen, und MICH in SICH zu wissen als die

VATER-MUTTER LICHT INDIVIDUALITÄT.

Denn Ich Bin in Allem eine Lichtsubstanz, welche Alles Ist und alle diese Eigenschaften von Mir beinhaltet, die Ich in ihr Bewußtsein eingezeichnet habe.

Kürzlich, einige Jahrzehnte zurückliegend, wurde jemandem der Eindruck vermittelt, die Betonung darauf zu legen, daß ICH DER UNENDLICH EINE BIN. Jetzt soll nun Meinen Kindern der Eindruck vermittelt werden, daß ICH DER UNENDLICH EINE

IN JEDEM PARTIKELCHEN BIN.

Und ebenso wird Meinen Kindern in der heutigen Zeit der Eindruck vermittelt,

MICH VATER-MUTTER LICHT zu nennen.

Und doch sind die VATER-MUTTER-LICHT-PARTIKEL DES LICH-

TES nur ein Aspekt von MIR SELBST, als die Ursache des LICHTES und der PARTIKEL DES LICHTES, die ihr VATER-MUTTER LICHT nennen sollt.

Wenn ihr MIR voll und ganz in diesem Namen gedient habt, werdet ihr immer mehr und mehr die Qualitäten erfahren. MEINE Qualitäten, die in MIR residieren, denn ICH lege alle MEINE Qualitäten in dieses Licht hinein, auf daß sie in diesem LICHT und in ihren Partikeln residieren.

Und sie sind unendlich und ewig. Nach und nach werde ich euch den Eindruck vermitteln und in euch Qualität nach Qualität einzeichnen, Namen nach Namen, andere als jene, die ihr jetzt kennt und deren ihr euch bewußt seid.
Meinen Repräsentanten in der Aufgestiegenen-Oktave wird der Eindruck vermittelt, euch neue Texte und neue Wahrheiten zu geben. Und so, wie es vor Zeiten gesagt wurde: „Kommt alle zu Mir, die ihr mühselig und beladen seid und Ich will euch erquikken", werdet ihr jetzt durch wissenschaftlich ausgerichtete Bezeichnungen belehrt, euch an

EURE VATER-MUTTER LICHT INDIVIDUALITÄT zu wenden,
WELCHE EUER INNERSTES HEILIGTUM IST.

......

Vater–Mutter Feuer–Flammen–Licht

Abhandlung von Vater-Mutter Feuer-Flammen-Licht durch Garman, am 07. April 1973

„SO POSITIV BIN ICH"

Garman spricht: VATER-MUTTER FEUER-FLAMMEN-LICHT, VATER-MUTTER FEUER-FLAMMEN-LICHT, VATER-MUTTER FEUER-FLAMMEN-LICHT! GELIEBTES VATER-MUTTER FEUER-FLAMMEN-LICHT, wie positiv bist DU?

VATER-MUTTER FEUER-FLAMMEN-LICHT antwortet: Kinder, Kostbare Teilchen von MIR SELBST, eure Frage ist kurz und bündig, sie ist treffend gestellt und gehört zur Sache. ICH BIN einhundert-prozentig positiv. Was immer ihr MICH fragt über MICH, die Antwort wird jedesmal sein, daß ICH einhundert-prozentig das, was ICH BIN, BIN. Dies beantwortet eure Frage. Wenn ihr eure Frage richtig stellt, dann folgt die Antwort in direkter Weise; wenn ihr eure Frage nicht richtig stellt, so folgt die Antwort nichtsdestoweniger in direkter und klarer Weise und einhundert-prozentig.

Was ist es, das ihr MIR zur Gänze überlaßt? Ihr überlaßt MIR all das, was ist und all das, was getan wurde. Deshalb überlasset ihr MIR alles, was ICH BIN und TUE in all eurem Denken, Fühlen, Sprechen und Tun. Alles ist darin enthalten. Alles was ihr benötigt in eurem Äußeren drückt sich von MIR hinein in euer Äußeres, und ihr könnt dies als MEINEN Ausdruck erkennen. Achtet unaufhörlich auf MICH in euch selbst, dies ist alles; dies genügt. Und ihr werdet finden, daß alle die unterschiedlichen Dinge, die Ich tue, nichts anderes als Ein Ding sind. Sie sind das EINE GESETZ, DAS ICH BIN und TUE. Dieses EINE GESETZ ist VATER-MUTTER. Wenn ihr sagt: „VATER-MUTTER" sagt ihr alles aus, was die Perfektion, die Reinheit alles Seins ist. Ihr sprecht damit die Polarität, die Balance, die Symmetrie, die Affinität und alle die Tugendkräfte und Eigenschaften jedes einzelnen Strahles und jeder einzelnen Farbe, der Sub-Strahlen und Sub-Farben aus, die ICH BIN und WIRKE.

Ihr sprecht damit die Perfektion von all dem, was in eueren Lebensstrom einfließt, aus. Ihr sprecht von der vollen Erfüllung und von der vollen Perfektion VON ALL DEM, WAS ICH BIN und von ALLEM, WAS ICH zu wirken habe in eurem Lebensstrom. Alles, was ihr zu diesem Zeitpunkt der Evolution und für diesen Platz, an dem ihr euch befindet, benötigt, ist in eurem Lebensstrom enthalten. Was jedoch nicht darin ist, aber darin sein sollte, ist das, was ihr mißbraucht habt, Jedoch was darin enthalten ist, ist ausreichend für MICH, um zuerst euch selbst - als MICHSELBST- wieder zu versorgen, auf daß ICH dann MICHSELBST in euch weiter aufbauen kann, immer hoffend, keine weitere Einmischung und Verschwendung durch eure kleinen Selbst zu erfahren, die lose mit MIR verbunden sind.

Nun, all dies ist Reine Positivität. Es ist alles immer positiv, wenn ihr einfach alles MIR überlaßt. Es ist alles positiv, es ist alles einhundert-prozentige Kostbarkeit und von höchstem Wert, denn als VATER-MUTTER FEUER-FLAMMEN-LICHT BIN ICH ALLWISSEND, ALLMÄCHTIG und ALLSUBSTANZ. Mit anderen Worten, ICH BIN Vollständige und Perfekte, Intelligente ENERGIE und SUBSTANZ.

Als diese Drei-In-Einem BIN ICH ESSENZ. ICH BIN die Essenz, das heißt DIE INTELLIGENZ, DIE ENERGIE UND SUBSTANZ IST, oder ICH BIN die ENERGIE, die intelligent und substantiell ist. So BIN ICH die DREI in EINEM ESSENZ. Somit sind diese DREI die primären Elemente der ESSENZ, die ICH BIN. WIR DREI SIND untrennbar, es sei denn, ihr, Meine Kinder, reißt UNS auseinander und verstreut UNS in alle Winde. Und dies tut ihr immer, wenn ihr nicht MIR SELBST - VATER-MUTTER - das Handeln überlaßt.

Und Meine ESSENZ in Aktion, daher Meine Intelligenz, Energie und Substanz, hat drei Grundeigenschaften, und diese drei Grundeigenschaften sind: FEUER, FLAMME und LICHT. Und FEUER, FLAMME und LICHT sind die Natur der Aktion der ESSENZ von INTELLIGENZ, ENERGIE und SUBSTANZ. Wenn VATER-MUTTER, wenn VATER-MUTTER-ESSENZ, wenn VATER-MUTTER, INTELLIGENZ, ENERGIE und SUBSTANZ, an die Arbeit gehen, gehen Sie in Aktion als FEUER, FLAMME und LICHT. Alles, was ist und wirkt, ist die Aktion von FEUER, FLAMME und

LICHT. INTELLIGENZ, ENERGIE und SUBSTANZ sind immer feuerlodernd, flammend und leuchtend. Dies geschieht immer in positiver Weise, es sei denn, die Aktion von FEUER, FLAMME und LICHT wird abgetötet von Meinen Geschöpfen, die lose mit MIR verbunden sind. Um FEUER, FLAMME und LICHT lebendig in euch und für euch zu erhalten, sagt: „FEUER - FLAMMEN - LICHT" (28 mal).

....

ICH BIN VATER-MUTTER FEUER-FLAMMEN-LICHT IN AKTION, durch Garman, Mein Sprecher und Partner im FEUER-FLAMMEN-LICHT.

Dein lebendiges Selbst

Garman spricht:

....

Geliebtes VATER-MUTTER FEUER-FLAMMEN-LICHT gibt es etwas in uns, DICH betreffend, das wir immer als Beweis und Tatsache beachten können, daß DU unsere lebenden kleinen Selbste bist? Gibt es etwas, betreffend unsere vibrierenden, lebenden Selbste, das uns ständig die Möglichkeit gibt, uns gewahr zu sein, daß Dein LEBENDES SELBST, daß DU, uns lebst und uns beseelst?

VATER-MUTTER FEUER-FLAMMEN-LICHT spricht: Ja, Meine lieben, kostbaren kleinen Selbste, es ist selbstverständlich etwas, das so äußerst einfach, so äußerst offensichtlich ist, betreffend euch als lebende Wesen - es ist euer Atmen; es ist MEIN ATMEN in euch und als euch. Es ist in dem Atmen, daß ihr euch selbst als MICH SELBST fühlen könnt und auch fühlt. Dies hängt davon ab, ob und wie ihr MICH fühlt als euer Atmen. Ihr könnt auf dem Rücken liegen und in ruhiger Untätigkeit könnt ihr euch innerhalb des Bewußtseins eures Atmens völlig gewahr sein, daß ICH BIN und daß ihr für diesen Augenblick eingestimmt seid in eure HOHEN SELBSTE, die WIR SIND. Es ist völlig ohne Anstrengung für euch.

Leben - Es ist „ICH" - es ist eure Bewegung des Atmens in euch, die sich augenscheinlich gleichschaltet mit aller STILLEN AKTION des Lebens von MIR, um euch lebensfähig zu erhalten. Aus diesem Gewahrsein von MIR als eure Ruhe geht ihr dazu über, euch gleichermaßen gewahr zu sein, wie ICH es BIN, der euch automatisch lebt, wenn ihr euch in die Tätigkeit eures täglichen Lebens hineinbegebt. Aus dieser Tatsache der lebenswichtigen Verbindung mit Mir in eurem Atmen läßt sich natürlicherweise folgern, daß, wenn ihr MICH benötigt, und dies trifft selbstverständlich zu allen Zeiten zu, manchmal absichtsvoller oder manchmal intensiver, es das erste ist, an MEIN ATMEN zu denken und MEIN ATMEN zu fühlen. .....

ICH BIN VATER-MUTTER FEUER-FLAMMEN-LICHT durch Garman, Mein Sprecher, Partner im Licht.

IX. Kapitel - Auszug

......

VATER-MUTTER FEUER-FLAMMEN-LICHT spricht: Meine Kostbaren Blumen auf den Feldern, auf den Hügeln und in den Gärten MEINES OMNIVERSALEN KÖRPERS und SELBSTES. Welch ein erfreulicher Teil seid ihr doch, innerhalb der Funktion MEINES UNTEREN KÖRPER - SELBSTES, MEIN Atmendes SELBST, dem Atmenden Teil MEINES GESAMTHEITLICHEN SELBSTES, diesem Atem-Pulsierenden SELBST MEINES GESAMTHEITLICHEN LICHT-PULSIERENDEN SELBSTES.

Mit Gott!

Es spricht der Mann, dessen größte Sorge es ist, daß seine irdischen Erkenntnisse den Menschen den plötzlichen Untergang bringen könnte, Albert Einstein.

In der angebrochenen Zeit des menschlichen Denkprozesses, der bei zivilisierten Völkern hochgespielten, materiellen Erkenntnisse, darf die gesamte Menschheit keine Experimente mehr mit der Erde machen. Die Atmosphäre, jedes Molekül der Erde, ist in nicht mehr zu verantwortender Weise belastet. Die Atmosphäre des Erdplaneten kann nicht den geringsten Widerstand mehr erbringen. Die Meister der Sphären, die schon seit tausenden von Jahren die Erde mit positiven Schwingungen beschicken, sind am Ende ihrer Möglichkeiten, denn, Menschen, Negativkräfte erneuern nicht, sondern sie machen ohne jede Überlegung alles zunichte, was den Meistern mit unendlicher Liebe hätte gelingen können.

Oh,Ihr dummen, unwissenden Menschen! Mit dem Anspruch auf Wohlleben und Reichtum macht Ihr ohne Bedenken auf der Euch von Gott geschenkten Erde, die alle denkbaren Voraussetzungen bietet, nur Chaos! Nichts habt Ihr gelernt von der Katastrophe, die der Untergang Atlantis war. Durch Eure Habgier macht Ihr Euch nicht die Erde untertan, wie es der göttliche Wunsch ist, sondern Ihr benutzt das Geschenk des Schöpfers, um Euch in unermeßlichem Maße zu bereichern! Keine Hilfe habt Ihr den Mitmenschen, die hungern und frieren, gegeben. Nein, Ihr beutet sie aus! Immer noch, obwohl es die Kriege der Sklavenaufstände schon in Rom gegeben hat. Ihr schämt Euch nicht, im 20. Jahrhundert der Aufklärung Eure Mitmenschen zu benutzen., um für Euch selbst einen kleinen Vorteil zu erhaschen!

Mit der Kernspaltung, die durch meine Arbeit möglich geworden ist, ist die Menschheit in die Lage versetzt worden, mit der durch Atomspaltung freiwerdenden Energie die Lebensqualität der gesamten Menschheit zu verbessern, aber was ist geschehen? Die ersten, schweren Fehler sind gemacht worden, als die Atome für die Bomben der Vernichtung genutzt wurden! Niemals mehr kann den Menschen noch gelingen, den Segen der Atome zu erkennen und zu nutzen. Die große Chance ist vertan! Nein, Ihr menschlichen Wissenschaftler aller Nationen, nein, nochmals nein! Albert Einstein warnte Euch alle einmal! Kein derzeitiger Mensch ist in der Lage, mit Atomenergie schadlos zu arbeiten. Legt in den gesamten Atombetrieben, ob auf Schiffen, in Reaktoren oder in sonstigen, momentan gemachten Versuchen mit propagierten, atomenergiebeschaffenden Dingen sofort das in Arbeit befindliche Werk nieder, denn mit jedem geförderten Gramm Plutonium und Uranium kommt der schreckliche Untergang näher auf Euch zu! Liebste, im Namen des Schöpfers der Erde, laßt den Erdgeist ruhen, denn es darf nicht zu spät sein! Eure Atmosphäre erstrahlt nicht im Lichte der Liebe. Sie ist dunkel und schwer.

Der Geist Gottes ist Euch gut gesinnt, jedoch Euer Tun wird ihn bald ganz vertrieben haben. Oh, habt doch ein Einsehen! Es ist schon mitten drin im Untergang! In der Dunkelheit des Todes werden Euch diese mahnenden Worte Albert Einstein's einfallen. Dann geht dem Herzen die Erkenntnis auf. Keine Seele kann den entsetzlichen Untergang der Menschheit verantworten.

Liebe, denkende Brüder auf dieser Erde, Albert Einstein möchte helfen, aber der Möglichkeiten sind nicht viele. Betet alle jeden Atemzug, den Ihr noch machen dürft, ohne das tödliche Gift des Atoms einzuatmen, zu Gott, um die Gnade des Liebens, liebt und helft! Laßt den Mitmenschen in Eurer Nähe keinen schweren Gedanken denken, sorgt für liebevolles und herzliches Denken, so weit Ihr dies vermögt! Denn mit jedem negativen Gedanken wird ein Stück des Atoms um Euch mit Negation geladen, die dann auf Euch zurückkommen wird!

Diese Worte sind gesprochen in schwerer Sorge und tiefer Liebe. In mir brennt die Verantwortung, den Weg zu Euch Mitbrüdern zu finden und diese, meine Worte so schnell wie möglich an die Menschheit weiterzugeben! Mit Gott, der Euch gnädig sein möge!

Thomas Printz's Privat-Bulletin

Liebe Herzen, die ihr Götter und Göttinnen werden wollt!

Es gibt eine kurze, aber machtvolle „Behandlung", um die „ICH BIN-Gegenwart" mit dem äußeren Selbst zu vereinigen. Man muß beginnen, die Gefühle der Ich Bin-Gegenwart dazu einzuladen, daß sie durch jede Handlung am Tage fließen.

Die ICH BIN-Gegenwart ist eifriger, durch das Heilige Christ-Selbst die Einigkeit und Einheit von Ziel, Gedanke, Gefühl, Wort und Handlung zwischen sich selbst und der menschlichen Persönlichkeit wiederherzustellen, als das äußere Selbst sich gewahr sein kann.

Die ICH BIN-Gegenwart hat die Persönlichkeit Äonen hindurch erhalten. Vor allem ihr Heiliges Christ-Selbst fühlt ganz tief mit jedem Erlebnis, das ein Mensch mit anderen jemals hat.

Ihr wißt, daß das äußere Selbst vom Licht der ICH BIN-Gegenwart lebt, vom Leben der ICH BIN-Gegenwart und von der Gnade dieser einzigen Gegenwart, diesem ICH BIN, das in und um jedes unaufgestiegene Wesen ist.

Experimentiert damit, ihr Lieben, und erlebt die große Freude und Glückseligkeit? Ihr könnt und werdet sie erfahren, wenn ihr oft innehaltet bei euren täglichen Geschäften und schweigend eure individualisierte Gott-Flamme ICH BIN bittet, euch ihr Fühlen über eine Person, ein Tier oder ein Ereignis mitzuteilen, je nachdem, was von der Lebenskraft euch auf den Weg gelegt wurde. Das ist besser als jedes menschlich erzeugte Gefühl.

Das starke, aufbauende Fühlen dieser einzigen Gegenwart, des ICH BIN, hat dann Gelegenheit, einen Lebensteil der Umwelt zu segnen. Gleichzeitig wird das zu einer dauernden „Behandlung" des Denkens, Fühlens, Sprechens und Handelns desjenigen, der bewußt diese Ströme einlädt.

Wenn der Mensch seinem Mitmenschen gegenüber so fühlt, wie sein Gott ICH BIN es tut, wenn er über die weltlichen und seine eigenen Angelegenheiten so denkt, als wären sie jeweils eine Facette des Diamantenen Leuchtenden Gottes-Bewußtseins, und wenn alle Gedanken, Gefühle, Worte und Handlungen nur aufbauend getan werden (so daß Gott tatsächlich durch den Menschen auf Erden wandelt, wie er es durch Jesus, Buddha und jeden anderen tat, der sich mit seinem Gott ICH BIN identifizierte, indem er Gottes Willen richtig ausdeutete und manifestierte, mehr noch im Tun und Ausstrahlen als durch das Wort), dann wird der Mensch eins mit seiner ICH BIN Gegenwart und seinem Heiligen Christ-Selbst. Das ist die Große Demut, ein Teil meiner „Richtlinien zur Lebensführung", des Weges der Gewaltlosigkeit (Harmlosigkeit). Die unpersönliche Liebe zu Guten in jedem Wesen ist das Fühlen Gottes im Eigenen Ursprung ICH BIN. Sie ist das Fühlen, das ihr erlangen und aufrechthalten werdet - eines Tages, wenn euer Ziel, der Aufstieg, erreicht ist.

Liebe und Segnungen!

MAHA CHOHAN

ICH BIN die Kraft des Lebens

Schauet darauf, wie ihr im Gebilde zusammengesetzet seid. Der leuchtende Sonnenkreis eures Herzens vermittelt aus seiner zentralen Kraft heraus euch die Aktionsströme für eure Nerven. Eure Nerven sind fein gekoppelt mit euren eigenen Eigenschaften, Charaktereigenschaften, die sich vielfältig zusammensetzen. Aus der inneren Ruhe steuert ihr diese Bündel, die vielfältig aufgespeichert sind. Es sind mehrere Bündel, die sich aus allen Blickwinkeln heraus sich vielfältig darbieten.

Wenn die innere Zentrale ununterbrochen, ständig in der Ordnung, systematisch tätig ist, wird in der gesetzmäßigen Bewegung euer Fortschritt gesichert, so wie ihr den Fortschritt verstehet, daß sich euer Seelenhorizont sicher, hell und klar zeichnet. Sobald die Unruhe eure Persönlichkeit bewegt, werden die verschiedenen Charaktereigenschaften hervortreten. Es sind die einzelnen Teile, die sich fast selbständig machen und das ganze Gefüge scheinbar - und für euch fühlbar - überschatten. Ihr verliert den Ausblick, das rechte Erkennen für die Situationen und anstatt in Ruhe zu handeln, werdet ihr mehr und mehr irritiert. Ihr seid es selbst, die nicht richtig geschaltet seid. Ihr seid es, die sich vor eure Blicke legen, werden rebellisch und also sieht die Umwelt dann in euch stets nur diese einzelne Eigenschaft die gerade hervortritt.

Wenn ihr es nicht ebenso tun wolltet, müsset ihr euch dieses Bild vor Augen halten und euch ganz klar werden, wie ihr euch selbst zu handhaben einstellet. Die einzelne Eigenschaft beispielsweise der Ungeduld oder des Zornes, heißt euch jeweils selbst einen Stromkreis fehlschalten und einen Nervenfaden vorübergehend verbrennen. Es dauert immer wieder eine Zeit bis dieser regenerieret ist. So wie der Mensch, der über wenig Kenntnisse dieser Zusammenhänge verfügt, nur über diesen einen Abschnitt schauet, euch nur darin erblicket, werdet auch ihr in dieser Situation, da ihr befangen seid, von einer fehlgeleiteten Eigenschaft überstrahlet, genauso fehlgeleitet auf eure Umwelt reagieren.

Der geistig sich orientierende und strebende Mensch weiß um diese Aspekte, um diesen Zustand. Er kann sich schneller kontrollieren, sich selbst besser wieder in die Hand bekommen. Er muß und sollte stets der eigene Regulator sein, damit die Persönlichkeit dem Selbstbefehl aus dem Innern gehorchet.

„Ich bin die Kraft des Lebens,
Ich bin die Kraft des alles durchlichtenden Geistes,
Ich bin die Kraft, die aus der Ruhe schöpfet und
Kraft verteilet, Kraft ausströmet,
damit Ordnung sei"

In diesem Sinne werden die Gedanken euch beleben, euch aufrichten. Somit werdet ihr nicht nur Herr über euch selber sein, sondern auch über eure Umwelt, weil stets dennoch alles auf die Kraft des Geistes reagiert, als Folge reagieren muß.

Diese geistige Kraft ist neutral. Auch darum wisset ihr. So kann ein jeder die eigene Brandung auf sich selbst zurückflutend erleben und sich besser einstellen.

Die neutrale Haltung läßt den anderen die Möglichkeit und den Raum, sich selbst zu besinnen. Also sorget ihr in der eigenen Erkenntnis auch für die Selbstbetrachtung des anderen. Nur aus dieser übergeordneten, der wahren geistigen Ordnung unterstellten Haltung werdet ihr den Mitmenschen so klar, daß ihr aus der Ordnung auch Ordnung um euch erwirket.

Die geistige Kraft „ICH BIN" wird euch immer wieder von neuem angetragen, damit ihr die höhere Stufe in euch selber findet, und nicht nur zu einigen Zeitläufen und Augenblicken, sondern, daß ihr wirklich darauf fußet und darauf verbleibet. Es können dann nur noch Augenblicke der Irritierung erfolgen, weil ihr euch stets im Zaume haltet, könnet ihr euch schnell zur Ruhe zurückrufen. Diese unaufhörliche Schulung liegt auf eurem Wege, wie es vorgeschrieben ist von eurem Innersten - und zwar ganz freiwillig.

Wenn ihr willig seid eurer inneren Freiheit zu dienen, wird nichts anderes sein als Ruhe, Frieden und Ordnung.

Das wird sich nicht nur in eurer seelisch-geistigen Verfassung bemerkbar machen, sondern auch in der äußeren Lebensgestaltung werdet ihr einfach so geleitet, leitet ihr euch dahingehend, daß im ganzen Gefüge auch äußerlich physisch und materiell die bildenden Kräfte der Ordnung zur Verfügung stehen.

Auch das ist ein Naturgesetz : „wie innen so außen". Das erstreckt sich nicht nur auf den inneren Menschen, sondern auch auf die gesamte Persönlichkeit.

Denket daran, daß die Meister der Liebe immer alles erhalten, was sie notwendig benötigen, was sie bedürfen, um auch anderen zu dienen. Denn in der Liebe ist man reich, kann man austeilen innerlich und äußerlich, so es angemessen ist, wohlweise bedacht.

Der geistige Weg erwirket euch die Kraft, daß auch anderen Menschen davon zuteil wird. Das ist das erste Gesetz - zu geben vom Inneren, damit auch das Tor des Inneren des anderensich auftut.

So habet ihr in der eigenen Verantwortung, aus diesem Blickwinkel heraus, auch die Verantwortung für euren Nächsten.

Ihr sprechet unter den Menschen von dem ersten Eindruck. Wird der erste Eindruck zum Inneren des anderen gelenkt, wird dieser stets der Beste sein. Habet ihr den ersten Eindruck eines disharmonischen Menschen, auf Grund einer oder mehrerer Eigenschaften, die dem Wesen des anderen vorgelagert sind, so denket daran, wieviel Güte hier notwendig ist, d.h. wieviel eigene Konsequenz, damit der andere von der geistigen Liebensstärke angerühret wird, diese Gebilde beiseite zu legen.

Die rechte Tat kann jeder Mensch nur aus der inneren Ruhe heraus leisten. Darum habet Zeit für Ruhe. Darum nehmet euch bewußt Zeit für eure Ruhe.

Denn aus der Ruhe wird euch neues Leben zuteil, Kraft, Regeneration. Der rechte Gedankengang fließt nur aus der Quelle der Ruhe.

Ruhe zu haben, bedeutet, euch in den Zustand der Liebe zu versetzen. Denn Liebe eilet nicht, überstürzet nichts, sondern sinnt und erkennt im Rundblick, so daß ihr die Zusammenhänge erfaßt und als segnende Kraft den Einfluß des Lichtes verströmt, verstrahlt für euch und sich dabei nie ausstrahlet.
Denn diese Quelle ist unermüdlich, ewig wie das Leben selbst, aus Gott. Diese Lektion überdenket zutiefst. Es geht einen jeden von euch an. Es ist so wichtig, daß gerade jene Menschen, die viel Erfahrung im Leben sammelten, die rechte Quelle in sich in Augenschein nehmen und sich dahin ausrichten, sie nutzen und einsetzen.
Von dieser Kraft sind zu wenig Menschen selbst bestimmt - und viele schreiten in die Irre, sammeln Erfahrung über Erfahrung und sind noch nicht belehrt, den Weg der Konsequenz, der echten Liebe vollends zu begehen.

Der erprobte Mensch ist glücklich in der eigenen Freiheit, das heißt, wenn er nicht von seinen eigenen Eigenschaften der Persönlichkeit überwuchert und überlagert - und damit beunruhigt - ist. Er bleibt nicht mehr in den Gewittern der Irritierungen, die stets auf Entladung drängen. Es ist selten eine echte Reinigung. Wohl wird eine Verspannung damit genommen. Aber keine Regeneration schließt sich an, wenn nicht der Einblick zum Herzen, zur geistigen Zentrale genommen wird, wenn der Mensch sich nicht der Ruhe fügt.
Der Mensch wünscht heute in seinem Streben Ordnung - und rebelliert unaufhörlich. Er verfügt darüber, daß eine Zeit der Ruhe in seinem Arbeitsbereich, in seinem Tätigkeitsbereich, eingeschaltet wird und weiß dennoch kaum etwas damit anzufangen.
Eine Erholung ist nur in Ruhe, aus der geistigen Ruhe möglich. Ein jeder bedarf sie. Erholung oder Ferien, wie der Mensch es benennt, sind nur dann sinnvoll, wenn er bewußt diese Ruhe anstrebt, damit er echte Kraft gewinnet und die Seele frei wird von den Überlagerungen seiner hervorgequollenen, ihm überzogenen Eigenschaften. Ihr stoßet euch jeweils nur an solchen hervorgetretenen Eigenschaften, die den Menschen übermächtig überlagern. Eure neutrale Haltung, die nicht angreift, die nicht kritisiert, sondern verstehend, aus den Zusammenhängen euch begreiflich ist, wird heilsam sein, den Nächsten anzuspornen, daß er anders über sich verfügt.

Erwachen

Wie eine Schar immer neuer und größerer Wellenringe wirbelt in spiraligen Bahnen ein unermeßliches Bewußtseinsbilder-Meer aus meinem Innersten hervor:

... *Ich Bin!* Heiliges Urwort, in dem alles Menschen-Erkennen eingeschlossen, Schlüsselwort des Lebens hinter dem Leben. Was wissen die Blinden von der Größe und Fülle Deines Seins!

Heiliger Mittelpunkt meines Lebens; wirkende Wirklichkeit in mir; brausendes Meer des Erlebens, ich eine mich Dir!

Freiheit des ungeteilten zweitlosen Einen; Juwel im Lotos, verzehre meines Leibes Sinne in Deinem Feuer!

Ich Bin! das ist des Iches Vollendung - das Selbst im Ich, der Flammengeist im Seelengrund, der als unvergängliche Einheit der vergänglichen Vielheit innewohnt.

Ich Bin! das ist der Weg in die Freiheit, und die Wahrheit meiner All-Einheit, und die Kraft, den Pfad der Leid-Vernichtung bis an sein Ende zu verfolgen.

Ich Bin! das ist das All-Ich, die All-Bewußtseins-Sonne selbst, deren lebendiger Strahl ich bin.

Ich bin - ich lebe! Ich bin - ich wirke!

Ich bin, der ich bin!

...Rasender wirbeln die Wellen-Kreise meines Geistes hinaus, letzte Fesseln sprengend:

Ich Bin die Unendlichkeit des Denkens und des Seins. Ich bin, was vor aller Dinge Anfang war, was ist und sein wird... In allem, was ist, denke ich mich, will ich mich, fühle ich mich offenbare ich mich!

Ich bin das Licht, das kein Tod berührt. Ich bin, der war, ehe die Welt war. Ich bin das alle zeit und alles Geschaffene überdauernde!

Ich bin das Ewige Hier und Jetzt!

Ich Bin! - das ist des Ich-Willens Wandlung in den All-Willen Gottes, die Einung von Gott und Mensch im Seelengrund - ein selig Umkostsein vom Atem Gottes, ein Durchflammtsein von den Strahlen der Geistigen Sonne.

Ich Bin! - das ist die erste Berührung und Vereinung mit dem Flammengeist in mir, die Verschmelzung von Liebendem und Geliebtem, von Ankh und Râ, von Gewordenem und Ungewordenem, aus der Osiris leuchtend ersteht.

Ich Bin! - das ist des All-Herzens brausender Rhytmus, in dessen Schlag mein Herz aufrauschend einschwingt.

...Was sind alle Wonnen der Welt gegen die Seligkeit dieses Erlebens, das mein ganzes Sein durchbebt, gegen die Wonnen der Gott-Vermählung, gegen die All-Erkennens-Seligkeit meines Herzens!

Was sind alle Erdenfreuden gegen die Gott-Wende meiner Seele, gegen das Höchst-Erkennen: Gott liebt sich durch mich!

...Wilder wirbeln die Kreise. Die Mauern, die das Ich vom All-Ich trennen, fallen...

Der Strom der Gottheit ergießt sich, alle Schranken niederreißend, in der Seele Tiefen.

Aus allen Gründen zucken Flammenarme empor zu Himmeln, die entweichen:

Warum gebrauchen wir Glöckchen ?

Offenen Geistes und Herzens wird die Wahrheit in Euch einströmen, sie wird Eure Persönlichkeit verändern.
Ein Mensch, kurzsichtig und voreingenommen wird Mühe haben, höhere Einsichten zu gewinnen und auch sich weiterzuentwikkeln. Denn zu einer Höherentwicklung gehört, daß man nicht sein Leben lang an ein und derselben Haltung festhält. Ohne Veränderung kein Fortschritt.

Glocken symbolisieren etwas Schönes. Ein kristallklarer Ton erzeugt Schwingungen ungewöhnlicher Natur. Sie haben Einfluß auf den Geistkörper des Menschen. Manchmal kann etwas Schönes einen Menschen ärgern, der noch nicht entwickelt ist, weil er mit höheren Schwingungen noch nicht harmoniert.
Sitzt aufrecht und ganz ruhig mit flachen Füßen auf dem Boden. Konzentriert auf den Mittelpunkt des Seins. Konzentriert Euch und fühlt Euch kleiner in Eurem Innern. Wenn Ihr dieses fühlt, nehmt Euer Glöckchen in die rechte Hand und dreht leise Euer Handgelenk, stark genug, daß ein Ton erzeugt wird. Fühlt Euch kleiner und die Schwingung, die die Glocke erzeugte, fängt an in Euch zu dringen und hinterläßt eine freudige Sensation. Endlich wird Eure Hand innehalten, aber etwas in Eurer Hand wird die Glocke bewegen. Ihr werdet tiefer und tiefer in diese Stimmung eingehen. Atmet tief ein und wieder aus.

Habt Ihr während des Glockentones die Schwingungen des Universums gehört? Die besondere Tonhöhe der Glocke hat eine klärende Wirkung auf Eure Aura. Ihr fühlt eine große Entspannung. Ihr fühlt Friede und große Ruhe. Es ist wundervoll, inmitten unserer Probleme des Alltags, diese Oase der Ruhe zu kreiern.

Wenn wir von Schwingungen sprechen, so meinen wir die Oszillatorische Bewegung oder die Kreisbewegung. In einer Art, daß ein Teil in einer Richtung bewegt, der andere in der anderen Richtung. Auch nach Art des Pendelschwungs und auf und ab.

Das ganze Universum befindet sich in einer Art pulsierendem Rhythmus. Sobald Ihr Euer Leben auf den Rhythmus des Universums einstellt, wird es eine größere Dimension erhalten. Es gibt nichts, das wir mit - Stille - bezeichnen. Habt Ihr jemals innegehalten in großer Stille und auf alles gelauscht, was sonst noch vor sich geht? Jedes Ding hat eine Schwingungsfrequenz und je mehr Ihr dieses empfindet, desto besser könnt Ihr damit harmonisieren. Seid ganz ruhig und lauscht auf das, was sich in der Stille tut.

Wer ist eine Person des Neuen Zeitalters?
Diejenige, die sich beständig wandelt. Es gibt vier Arten von Menschen:

1. die *Unwissenden,*
2. die *Schüler,*
3. die *Adepten* und
4. die *Meister.*

Ein *unwissender Mensch* ist entweder voreingenommen oder gegen alles. Es ist in Ordnung verliebt zu sein, aber es ist nicht in Ordnung, wenn Eure Liebe dadurch gegen andere in Haß umschlägt. Wir mögen all diese Dinge tolerieren und verstehen, aber wir sehen auch, daß nicht jeder Mensch auf der Bewußtseinsebene geistiger Progression ist. Durch höhere Bewußtseinsentfaltung kann man eine Person des Neuen Zeitalters werden.

Ein *Schüler* ist einer, der weiß, daß er nichts weiß. Er ist offenen Geistes und stellt Fragen. Er muß anfangen zu begreifen und die Gesetze des Universums lernen.

Ein *Adept* ist ein Mensch, der einige der Gesetze beherrscht und sie zu gebrauchen weiß.

Ein *Meister* ist derjenige, der alle Gesetze beherrscht und sie zum Segen der Menschheit benutzt. Ein Meister kommt nicht, um seine eigene Anerkennung zu finden. Er kommt zu denen, die ihn brauchen.
Hütet Euch vor denen, die sagen, „Ich bin ein Meister". An ihrer Wahrheit werdet Ihr sie aber erkennen. Ein wahrer Meister zeitigt

Wunderwerke, Ihr werdet ihn erkennen!
Jesus kam, um die Wahrheit zu bringen. Er sagte, daß er seine Wahrheit Euch geben wollte. Daß, wenn Ihr seine Lehre glaubt, Ihr auch in der Lage seid, seine Werke zu tun. „Diese Zeichen werden jenen folgen, die glauben".
Seinen Schülern gab er Mut und machte sie empfänglich für den heiligen Geist. Warum hörte dies 300 Jahre später auf? Weil unwissende Menschen sagten: dies ist jetzt alles vorbei. Weil sie selber diese Gabe nicht besaßen, wollten sie auch anderen nicht erlauben, sie zu erarbeiten. Dies findet bis zum heutigen Tag in Euren Kirchen statt.

Ihr braucht beides für die Wahrheit: die Gabe und das Lehren dieser Gabe. Jesus sagte, es gäbe nur eine Sünde, nämlich die gegen den heiligen Geist. Dies bedeutet: sich gegen Offenbarungen widersetzen. Wenn Ihr der Stimme des heiligen Geistes keinen Raum gebt, wie wollt Ihr Euch dann weiterentwickeln?

Es gibt kaum etwas ignoranteres als Menschen, die vorgeben, sich in der geistigen Welt auszukennen, ohne aber damit Kontakt zu haben. Alle Kirchen lehren ein Leben nach dem Tode. Aber laß einen der Kirchgänger sterben! Die vermeintlichen Toten sind ebenso lebendig wie Ihr! Tod ist nur ein Durchgangsstadium zu einem höheren Bewußtsein. Weint nicht, wenn Ihr die alten Kleider ablegt!

Nach einigen folgenden Lektionen werde ich Euch eine Übung geben, die Euch lehren wird, wie man den physischen Leib verlassen kann, damit Ihr seht, wie real der Ätherleib ist. Durch diese Übung werdet Ihr das Verständnis erlangen, daß der physische Leib nur eine Hülle ist für eine Wirklichkeit, die unvergänglich und unzerstörbar ist.

Der Ätherleib ist Eure wirkliche Erscheinung. Die Ätherwelt ist weit realer als die Welt der Illusion, in der Ihr lebt. Ihr lebt in der physischen Welt.

Warum werden manche Menschen 100 Jahre alt, andere dagegen sterben bei Ihrer Geburt?
Die ist die Erfahrung des Geistes eines Individuums der in die-

sem Körper wohnt. Geistig zu sein heißt ewig sein. Wenn wir sagen, daß etwas ewig sei, dann meinen wir damit, es hat eine Vergangenheit und auch eine Zukunft. Wenn ein Geist zur Erde kommt, um eine bestimmte Sache zu erleben, dann ist die Dauer des Lebens davon unabhängig. Der eine benötigt dazu ein paar Sekunden ein anderer dagegen 100 Jahre.

Auch müßt Ihr die Vergehen gegen die Naturgesetze in Betracht ziehen. Da gibt es alle möglichen Gründe für das Wachsen einer bestimmten Seele. Dieses kleine Erdenleben ist nicht Euer letztes.
Wenn die Seele den Körper nicht mehr braucht, wird sie ihn verlassen, durch Unfall oder natürlichen Tod.

Wünsche bestimmen den Weg, den Du gehen wirst

Die acht Stufen Buddhas auf dem Wege der Erleuchtung sind: rechtes Denken, rechte Absicht, rechtes Reden, rechtes Verhalten, rechte Art des Lebensunterhaltes, rechtes Bemühen, rechtes Bewußtsein, Konzentration. Diese einzelnen Begriffe kann man auch in einem einfachen Satz beschreiben: „Wie ein Mensch in seinem Herzen denkt, so ist er." In meinem Bewußtsein ist meine Welt enthalten. (Außerhalb meines Bewußtseins, außerhalb meiner Welt). Was ich denke, das bin ich. Dieses ist die enthüllende Wahrheit unseres Lebens, denn sie bildet das Fundament, wie hoch wir steigen, wir müssen täglich auf diesem Fundament beginnen. Daher haltet im Bewußtsein: Ich bin, was ich glaube zu sein.

Deine Wünsche bestimmen den Weg, den Du gehen wirst, wie Du dorthin gelangst und wie lange Du brauchst um ans Ziel zu kommen. Je größer der Wunsch, desto größer die Entschlossenheit. Zuviele Menschen zerstören ihren Wunsch durch ihren Enthusiasmus. Sie werden so enthusiastisch, daß ihr Wunsch nach kurzer Zeit verbrannt ist. Hast Du jemals darüber nach gedacht, daß Du erst Dir selber helfen mußt, bevor Du in der Lage bist, anderen zu helfen? Wie oft im Bestreben, anderen zu helfen, hast Du Dir selber geholfen? In dem Maße in dem Du in anderen den vollkommenen Christus zu sehen vermagst, wird der vollkommene Christus in Dir selbst manifestiert sein. Du baust alles auf dem Fundament, dem Wissen, daß wir in uns selber die göttliche Fähigkeit, das himmlische Feuer haben, das uns zu Göttern des Bewußtseins machen kann. Jeder Mensch ist ein Wille Gottes. Halte dies in Deinem Bewußtsein, täglich, dann werden alle Dinge in Deinem Leben ihren richtigen Platz einnehmen und Dein Leben voller Harmonie sein.

Wo beginnt die Seele? Dann, wenn Du Dir selber bewußt wirst. Was bedeutet, sich selber bewußt sein? Wenn Du erkennst, daß Du existierst, dann hast Du Bewußtsein. Hast Du schon manch-

mal innegehalten und zu Dir gesagt: Ich bin?
Der antike Mensch sprach von Mikrokosmos und Makrokosmos. Mikrokosmos ist der Mensch, Makrokosmos ist das Universum. Alles innerhalb des Makrokosmos spiegelt sich im Mikrokosmos wider, das heißt: im Menschen. Um das Universum verstehen zu können, muß man sein eigenes Sein meditieren. Dies wird Dir enthüllen, wer Du bist, was Du bist und warum Du bist. Bewußtsein ist kein fixiertes Stadium. Es ist ständig im Wachsen begriffen. Du hast zwar ein bestimmtes Bewußtsein gewonnen, aber Dein Weg ist noch weit. Eigentlich endet der Fortschritt niemals. Jeder kleine Schritt macht Dich glücklicher. Keiner von Euch würde gern noch einmal zurück zum Anfang gehen, denn je weiter wir fortschreiten, desto froher werden wir. Der Mensch hat eigentlich zwei Alternativen: er kann leiden, oder aber er kann wachsen und das wahre Glück finden.

Wir Menschen sind Instrumenten vergleichbar, die von dem Geist der im Universum waltet, gespielt werden. Je mehr wir uns als eine göttliche Melodie empfinden und in Harmonie mit uns selber sind, desto größer ist der Zusammenklang mit allem, das im Mikrokosmos und Makrokosmos in göttlicher Harmonie schwingt. Je größer Euer Bewußtsein wird, desto mehr werdet Ihr von dem unendlichen Sein erblicken. Mehr Verstehen und das was wir Erleuchtung nennen, wird Euch Schritt für Schritt zuteil werden. Glaubt nicht, dies sei unmöglich. Das Unmögliche existiert lediglich in den Gedanken der Menschen. Es ist eine Hürde, die sich der Mensch selber aufgebaut hat. Befreit Euch deshalb von diesen künstlichen Barrieren, beweist Euch daß Ihr **seid.**
Die Seele, Euer Sein wird niemals an einem festen Ziel sein, sie ist beständig im Wachsen begriffen.

Schöpferische Vorstellungsübung mit der Kerze

Wir möchten Friede und Freude in Euer Leben bringen, da Ihr Euch um höhere Gedanken und ein größeres spirituelles Bewußtsein bemüht. Arbeitet mit Energie an Euch und Ihr findet die wahre Glückseligkeit, die es Euch ermöglicht allen Zweifeln und Proben zu widerstehen. Wir wissen, daß all dies eine Herausforderung für Euch ist; Ihr werdet sie annehmen und bestehen, trotz aller Schwierigkeiten, die Euch zurückzuhalten versuchen. Wir in der spirituellen Welt, können Euch diese Schwierigkeiten nicht wegräumen, sie liegen in Eurer Verantwortung, Ihr müßt den Weg gehen!

Das Leben ist ein Tal, aber an dessen Ende steht der wunderschöne große Berg der Erleuchtung, und Ihr und der Herr der Herrlichkeit werdet eins. Die einzige Möglichkeit, um schnell vorwärtszukommen ist, Eure Vergangenheit loszulassen und Euch auf die Gegenwart einzurichten. Laßt Wissen und Wahrheit Euch durchströmen und Ihr erlangt die Erleuchtung.

Warum sind die Naturgesetze so wichtig? Sie sind der Schlüssel zum erfolgreichen Leben, denn nur wenn man die Naturgesetze versteht und in Harmonie mit ihnen lebt, kann man erfolgreich sein und den angestrebten Grad der Erleuchtung erreichen. Vergeßt über die Entwicklung reiner medialer Gaben nicht Euer spirituelles Wachstum und Verständnis. Im 1. Korinther, 13. Kapitel sagte Paulus:

> „Wenn ich mit Menschen - und mit Engelzungen redete ....
> und wenn ich weissagen könnte ... und hätte der Liebe nicht,
> so wäre mir's nicht nütze."

Ohne die wahre geistige Liebe bleiben alle Gaben bedeutungslos. Die alte Art, die Gaben nur zu demonstrieren, gehört bald der Vergangenheit an. Heutzutage werden aus dem höheren Reich des Geistes Instrumente ausgesucht, die nicht nur ihre medialen Gaben besitzen, sondern deren Leben sauber ist, damit das Wort der heiligen Wahrheit aus der himmlischen Welt durch sie fließen kann.

„Das Gesetz der Transmutation besagt, daß alle Manifestationen, gleich ob körperlich oder ätherisch, die gleiche Grundsubstanz haben. Der Wissenschaftler nennt sie Energie, der Metaphysiker Geist. Auch der Grad der Schwingung bestimmt die äußere Veränderung einer Manifestation." Ist das nicht das Geheimnis, nachdem wir alle gesucht haben? Wie oft wird das Gebet durch den Äther geschickt: Oh Gott, hilf mir mein Leben zu ändern. Hilf mir meine Umwelt zu verändern. Hilf mir meinen Zustand zu verändern, und vor allem, Himmlischer Vater hilf mir meinen Partner zu verändern. Das habt Ihr nicht erwartet nicht wahr? Wer das große Gesetz der Transmutation versteht, weiß wie er seine Umwelt umformt; denn alle Euch umgebenden Dinge sind aus Liebe und universeller Substanz, Geist genannt. Alles enthält dieselbe Grundstruktur: GEIST.
Verstehst Du, Deine innersten Gedanken zu ändern, kannst Du Deine Umwelt verändern. Die Umwelt reflektiert genau das, was Du bist. So wie Du bist, ist Deine Umwelt. Niemand außer Dir ist an Deinem Unglücklichsein schuld. Nur Du hast ihm Einlaß gewährt, hast es kreiert, hast es akzeptiert und damit manifestiert.
Auf der Suche nach der inneren Wahrheit werdet Ihr diese nicht nur in der Theorie finden, sondern werdet die Fähigkeit entwickeln, diese auch zu zeigen. Euer Intellekt hilft Euch dabei garnichts und es ist auch gleichgültig, ob Ihr jemand seid im Leben. Ihr müßt das Gut wollen und produzieren.

Wenn Ihr einen neuen Job sucht, ist es dem Personalchef egal, was Ihr über Euch denkt, wie Ihr Eure Fähigkeiten einschätzt. Er will wissen was Ihr könnt. Dasselbe gilt für den religiösen, spirituellen Bereich. Was kannst Du bringen (produzieren?) Was kannst Du geben? Wie kannst Du dienen? Diese Fragen stellst Du Dir immer wieder. Wo ist mein Platz? Wie kann ich ihn erreichen? Der Wille muß dahinterstecken, das Verlangen Eure geistigen Lehrer werden euch begleiten, aber Ihr müßt willens sein, Opfer zu bringen! Seid standhaft, laßt Euer Wissen wachsen, auch wenn es schwierig ist. Gebt nicht auf! Was ist wohl beschwerlicher - ein Leben in Einklang mit der Wahrheit oder mit dem Kopf gegen die Wand der Ignoranz zu rennen?

Die wahre Verehrung Gottes bringt Euch in Einklang mit der unendlichen Kraft des Universums. Eurem jeweiligen Entwicklungsgrad entsprechend fließt diese unendliche Kraft durch Euch durch, Ihr lernt Eure Umwelt zu meistern und Ihr werdet lernen Kraft und Freude zu geben. Ihr dürft nicht nachlassen in Euren Bemühungen um die Wahrheit; gebt soviel Euch möglich ist: von Eurer Zeit, Eurer Kraft, Eurem Wissen von Euren materiellen Gütern.

Viele Leute sprechen über das, das sie haben, nutzen es aber nicht zur Ehre Gottes. Alles was Ihr besitzt, wurde Euch gegeben um zu sehen, was Ihr damit oder daraus macht. Der Reichtum, den manch einer besitzt, ist ihm nur anvertraut, damit er das Beste daraus macht. Der große Himmlische Vater hat jeden von Euch mit einer Befähigung zur Erde geschickt. Es kann ein Talent sein, es kann eine Vielzahl von Fähigkeiten sein. Was immer Ihr besitzt, der Vater erwartet von Euch, daß Ihr es nutzt und vervielfältigt. Entwickelt Eure Fähigkeiten, damit Ihr sie vorweisen könnt, wenn Ihr eines Tages hierher zurückkehrt. Begreift, daß das Leben sehr wertvoll ist.

Habt Ihr Euch am Ende eines Tages schon einmal gefragt: „Was habe ich heute getan? Was habe ich heute geschafft?" Und so ist es Euch dabei passiert, daß Ihr plötzlich erkannt habt, an diesem Tag nicht eine einzige lohnende Tat getan zu haben, nicht einmal den Gedanken daran hattet? Es ist so wichtig, daß Ihr Euch mit dem Guten umhüllt, und das jeden Tag. Lächelt und sendet Gedanken der Liebe aus; freut Euch, wenn ein anderer Erfolg hat; gebt Zuspruch, wenn Euch jemand braucht; denkt freundlich statt voreingenommen; habt Verständnis und Geduld und seid nicht zu kritisch. Das sind alles einfache Wahrheiten, einfache Dinge; aber sie sind wichtig.

Die Spiegelübung:

Ihr müßt ernsthaft zu beten beginngen, damit Ihr im Geiste das Image erstellen könnt für die große, weltweite Erneuerung der Wahrheit. Sie setzt sich mehr und mehr durch, Ihr könnt sie unterstützen durch Eure Kreativität in Gedanken und Geist. Die Spiegelübung ist eine sehr einfache Übung, wenn man sie richtig befolgt. Jeder von Euch sollte sich einen Spiegel aufstellen, und zwar an einem Platz, an dem er einige Minuten ungestört verweilen kann. Ihr braucht zwei Kerzen. Stellt je eine Kerze rechts und links vom Spiegel auf, in massiven Kerzenhaltern. Das wird Euer Hausaltar. Stellt einen Stuhl davor auf, damit Ihr darauf sitzen und Euch im Spiegel sehen könnt. Diese Übung solltet Ihr von Zeit zu Zeit machen; wenn Ihr etwas benötigt oder wenn Ihr Euch auf die Gottschaft in Eurem Innern einstimmen wollt.

Sitze für einige Minuten im Dunkeln, nur die zwei Kerzen erhellen den Raum. Machst Du die Übung am Tage, ziehe die Vorhänge zu, damit gedämpftes Licht Dich umgibt. Dieses gedämpfte Licht hilft Dir, die richtige Art der Konzentration zu finden. Während Du im Kerzenlicht Dich im Spiegel betrachtest, spürst Du Friede in Dich einkehren.
Sitze etwa 50 - 70 cm vom Spiegel entfernt, damit Du Dich beim Kerzenlicht gut sehen kannst. Sieh Dich an, atme tief und entspanne Dich dabei. Atme sehr, sehr tief ein, entspanne Dich von innen heraus und während Du Dich betrachtest, versuche Dir vorzustellen, daß Du ein Teil der Gotteskraft bist, daß Du ein Teil der Göttlichen Natur bist, inkarniert in einem menschlichen Körper; daß als Teil der Göttlichen Kraft; Du auch die Eigenschaften der Göttlichen Kraft hast. Welche sind die Fähigkeiten zu erschaffen (kreiern), Manifestationen zu erstellen, das gesprochene Wort in Taten umzuwandeln. Nachdem Du Dich so für zwei bis drei Minuten ruhig betrachtet hast, rücke eine Kerze genau in die Mitte vor den Spiegel. Lösche die andere Kerze und konzentriere Dich auf die Flamme der verbliebenen Kerze. Konzentriere und entspanne Dich, erzwinge aber nicht, die Konzentration. Die wahre okkulte Konzentration soll Dich nicht an- oder verspannen.

Richtige Konzentration entspannt Dich durch tiefe Atmung. Wenn Du tief ein- und ausatmest, entspannt sich Dein Körper, Deine Augen werden schwer, Dein Geist jedoch bleibt hellwach; und bevor Du es richtig merkst, hörst Du Dich fast schnarchen. Deine Atmung wird schwer, Deine Augen sind wie schmale Schlitze, fast geschlossen, aber Du guckst weiter in die Flamme. Wenn Du dieses Stadium der völligen Entspannung erreicht hast, bei hellwachem Verstand, bist Du in der Lage Dir ein geistiges Bild von dem Dir gewünschten zu erstellen.

Wenn Du weiterhin konzentriert in die Flamme siehst, wirst Du die wunderschöne Aura dieser Flamme bemerken. Verschiedene Farben und verschiedene Schwingungen werden von ihr ausströmen. Beginne jetzt Deinen Wunsch in die Kerzenflamme zu stellen. Versuche ihn Dir vollkommen im Feuer der Kerze vorzustellen. Versuche, während Du schaust es vollständig in Deinen Gedanken zu fühlen. Ist es ein Haus, was Du Dir wünschst, visualisiere dieses Haus perfekt. Fühle, wie Du es betrittst. Lege Deine Hände darauf. Berühre alles in dem Haus. Möchtest Du Seelenfrieden erlangen, sieh Dich lächelnd in der Flamme stehen.

Wünschst Du Dir Gesundheit für einen anderen Menschen, stell ihn Dir vor in dem von Dir für ihn gewünschten Zustand oder Bewußtsein.

Kannst Du das Gewünschte vollkommen sehen, laß das Gefühl dazukommen. Die Visualisation allein genügt nicht, Du mußt auch fühlen können. Du mußt die Erregung in Dir fühlen, die Erwartung, die Freude; dieses wunderbare Gefühl haben, was dazu gehört. Deine kreativen Gedanken sind wertlos, so lange Du nicht auch das dazugehörende Gefühl aufbringen kannst, Du mußt lernen, Gefühle zu erzeugen, das Verlangen danach, die freudige Erwartung. ALL dies weißt darauf hin, daß Du erhalten wirst, oder daß eintreten wird, was Du Dir gewünscht hast, denn in der Minute, da Du fühlst, hast Du den Punkt wirklicher innerer Schöpfung erreicht. In diesem Moment sage zu Dir selbst: „Ich übergebe es der Kraft Gottes, damit eine äußere Manifestation erreicht wird." Steh' auf, geh' Deinen Geschäften nach, danke Gott und denke nicht mehr an die ganze Sache. Wenn Du die Übung nach ein oder zwei Stunden wiederholen möchtest - gut, aber verweile nicht zu lange beim Gefühl, denn es wird sich umkehren und die ganze Sache wird Dich langweilen. Langeweile jedoch zerstört die schöpferische Kraft, die Du in Dir aufgebaut hast. Erfreue Dich und vergiß es.

Wann immer und wie oft auch immer Du die Übung wiederholst, sobald sich das Gefühl einstellt mußt Du die Kerze löschen und die ganze Sache freigeben. Denk' an etwas anderes, spüle Geschirr, lies ein Buch, telefoniere mit jemandem, tue irgendetwas um Deine objektiven Gedanken vom Thema zu lösen, damit der subjektive Geist ihm zu einer äußeren Manifestation verhelfen kann.

Du wirst sehr überrascht sein, welch schöne Erfolge diese Übung dem Leben anderer sowie Deinem eigenen Leben bringen kann. Es ist fast so, als ob man sich vor den Spiegel setzt und sagt: „Spieglein, Spieglein an der Wand, wer ist die Schönste im ganzen Land." Durch diese Übung wirst Du Dich verwandelt fühlen. Machst Du sie jeden Tag, egal ob für einen anderen oder für Dich selbst, aber immer für einen guten Zweck, wird eine grenzenlose Energie, ein grenzenloses Lebensgefühl Dich durchfließen und nichts mehr wird Dir im Wege stehen. Dein Vertrauen wird wachsen; Vertrauen und Friede und Freude erfüllen Dich.
Noch wichtiger, Du bemerkst, daß Deine Gebete beantwortet werden, denn das ist die wahre Kunst des Betens. Es ist nicht die einfache Bitte an einen Gott im Himmel etwas für Dich zu tun, sondern Du selbst erschaffst und erfühlst Dir eine Schöpfung in einer Stärke, daß sie zur Manifestation in Deinem Leben wird.

RUFT DIE KOSMISCHE FLAMME DES SIEGES

Viel-Geliebte! Es erübrigt sich, irgend etwas anderem Bedeutung beimessen oder etwas akzeptieren zu wollen, außer dem Sieg des Lichtes. Ich will euch mit Unserem Positiven Empfinden des unausbleiblichen Sieges des Lichtes aufladen und wenn ihr die unerschütterliche Entschiedenheit aufbringt, nur den Sieg des Lichtes, der für und durch euch hindurch die Vollkommenheit erzeugt, anzuerkennen, so gebt ihr Mir die allergrößte Gelegenheit, tätig zu sein. Die gestattet allen Kräften des Lichtes, durch Ihren und Meinen Kosmischen Sieg all das auszuweiten, was ihr aussendet. Es genügt, den Sieg zu akzeptieren und Ihn immerwährend anzuerkennen, um Ihn in äußere Manifestation zu bringen und Ihn in den euch umgebenden physischen Verhältnissen zu verankern. Entstanden eure Begrenzungen dadurch, daß ihr ununterbrochen folgendes ausgesprochen und akzeptiert habt: „Ich war dies und ich war jenes - ich befand mich in dieser Not und in jeder anderen" - brachte euch also die Annahme dieser Verhältnisse in eure augenblicklichen Begrenzungen, so muß die Akzeptierung Meiner Gegenwart, Meines Sieges, Meiner Legionen, Meiner Autorität, Meiner Kosmischen Macht, Meiner Kosmischen Liebe, Meiner Kosmischen Vergebung und Meines Kosmischen Sieges sich unausbleiblich in der ganzen Fülle Meiner Vollkommenheit offenbaren, so wie die Begrenzungen, in die ihr seit Jahrhunderten verstrickt gewesen seid. Alles, worauf ihr eure Aufmerksamkeit konzentriert, kann durch die Kosmische Flamme Meines Kosmischen Sieges und durch diese Eigenschaften des Aufgestiegenen Meisters, die seit so langer Zeit schon Meine Auffahrt sicherten, geändert werden.

Die Kosmischen Ströme, die die Bedingungen der äußeren Welt betreffen, wurden 1944 umgestellt; einige unter euch haben es sicherlich bemerkt. In der äußeren Welt fand in diesen letzten Jahren ein großes Erwachen statt. Jetzt genügt es, daß dem Volk bewußt wird, was es wünscht und daß es dies mit Entschiedenheit will, damit die Türen ganz weit geöffnet werden für die Lawine Kosmischer Kraft und dem Beistand, die zur Verwandlung der Bedingungen in der physischen Oktave nötig sind, um diese Vollkommenheit, die bereits auf Erden geherrscht hat und die euch wiederkehren wird, zu manifestieren. Ich komme, um euch mit einer Kraft aufzuladen, die euch daran erinnern wird, daß ihr alles mit dem Gefühl Meines Sieges tun sollt. Die dunklen Kräfte drohen, Unruhen in Europa auszulösen, wenn diejenigen, die dem Licht dienen, den Befehl übernehmen und ihre Autorität durchsetzen wollen. Wir würden es sehr gerne sehen, daß ihr bei eurem Dektretieren in Gruppen und in eurem privaten Bemühen, so stark wie möglich Meinen Sieg des Lichtes akzeptiert: den Sieg und die Freiheit des Lichtes Saint Germains; den Sieg und die Macht des Lichtes von Herkules; den Sieg und die Liebe des Lichtes Lord Maitreyas; die Kosmische Stille und die Macht des Lichtes des Stillen Wächters.

Je mehr ihr den Sieg und die Spezielle Eigenschaft eines jeden der Kosmischen Wesen, dessen Beistand ihr gefordert habt, anerkennt, umso stärker intensiviert ihr die Schützende Kraft und den Druck, die den Sieg des Lichtes zwingen, sich mit all Seiner äußeren Autorität in den Angelegenheiten der physischen Welt zu offenbaren. Rufet den Kosmischen Sieg und die Autorität des Lichtes des Großen Göttlichen Direktors. Rufet den Sieg und die Überfülle des Lichtes des Mächtigen Lord Maha Chohan und der mächtigen Virgo, sowie Den der Großen Wesen, die die Kräfte der Elemente lenken. Rufet den Sieg und die Kraft des Lichtes der Göttin des Lichtes und der Königin des Lichtes. Rufet den Kosmischen Sieg und die Heilung durch das Licht der Viel-Geliebten Nada, der Viel-Geliebten Maria, der Viel-Geliebten Meta, der Viel-Geliebten Kwan Yin und der Viel-Geliebten Diana!

Rufet in den kommenden Monaten in all euren I AM-Dekreten stets die Kosmische Flamme des Kosmischen Sieges und alsdann die Eigenschaft, die ihr wünscht. Wir werden dann feststellen, welchen Druck und welche lebendige Kraft dies in der physischen Struktur der Erde freimachen und wie eine Barriere gegen die revolutionären Aufstände und Bedrohungen wirken wird. Es gibt nicht nur die dunklen Kräfte im Universum - sondern da sind auch noch die Hierarchien. Wir fordern auch auf, euren Sieg zu bejahen, euer Licht, eure Freiheit und die Autorität des europäischen Volkes in der physischen Oktave.

Ich denke, daß ihr den Beistand, der euch gegenwärtig von der Großen Stille zufließt, richtig einschätzt. Der Geheime Liebesstern intensiviert Seine Strahlung und Seine Ausdehnung des Heiligen Feuers zur Aufrechterhaltung des Friedens. Wenn ihr in den kommenden Monaten nun eure Dekrete für Meine Kraft des Sieges und für die Kosmische Flamme des Kosmischen Friedens beibehaltet, gebt ihr Uns die Gelegenheit, gewisse Kräfte des Kosmischen Gesetzes in Tätigkeit zu setzen, wofür diese Dekrete unbedingt erforderlich sind.

Die dunklen Kräfte sehen sich der Reaktion ihrer eigenen Verwirrung gegenübergestellt und da der Augenblick ihrer vollkommenen Vernichtung naht, verstärkt die Angst ihre erschreckende Boshaftigkeit.

Es empfiehlt sich, daß alle I AM-Schüler Anrufe dafür machen, daß der Zweifel und die Angst aus dem Universum aufgelöst werden. Ihr gebt euch manchmal sehr viel Mühe, euch von diesem Gefühl zu befreien, doch die übrige Menschheit bleibt noch unter ihrem Einfluß. Ihr müßt also eure Anrufe auf diesen Punkt konzentrieren, um euch von dem massiven Druck dieser Gefühle frei zu machen. Durch die Autorität eurer eigenen Mächtigen Gegenwart I AM und des Chors der Aufgestiegenen Meister, müßt ihr bewußt befehlen, daß ihr für immer befreit - befreit - befreit werdet von dem massiven Druck gewisser Gefühle, der die menschliche Rasse während Jahrhunderten gefangen gehalten hat.

Der Zweifel und die Angst sind zwei dieser Gefühle. Der Egoismus und die Verwirrung sind ähnliche Empfindungen, denn jede Angst ist Egoismus und jeder Zweifel ist Verwirrung.
Der Verstand und die Empfindungen der Menschen werden sehr stark durch die Ansammlung der Gefühle beeinflußt, die während Jahrhunderten von der Rasse der Menschen akzeptiert worden sind. Sehr oft veranlaßt eine Welle solcher Gefühle einen Menschen, allerlei Dinge anzunehmen, die abgelehnt worden wären, hätte diese Suggestion nicht bestanden. Habt ihr euch erst aus dem Druck dieser massiven Ansammlung gewisser Empfindungen herausgelöst, so werdet ihr feststellen, daß eure Autorität und eure Kraft viel rascher wirken werden.

Wenn Wir die menschliche Schöpfung der Wesen verzehrt haben, so entfernten Wir recht oft auch die ganze Ansammlung. Wir haben diese Substanz entfernt und dann haben Wir sie gereinigt; doch hatte die atomische Struktur der Körper sich so sehr daran gewöhnt, diesen im Verstand und den Gefühlen wirkenden Schwingungsgrad zu akzeptieren, daß die atomische Struktur weiterhin diese Schwingung empfand, während doch die ganze Ansammlung wirklich verzehrt worden war.

Mit positiven Anrufen für diesen ganz speziellen Punkt und durch die Anwendung der Autorität eures eigenen Lebensstromes sollt ihr akzeptieren, daß ihr frei seid von jedem (Rasse-) Bewußtsein, das nicht der Sieg, die Reinheit und die Vollkommenheit des Lichtes ist. Das wird so sein, als entferne die Hand eurer Gegenwart aus eurer atomischen Struktur jeden Schwingungsgrad, der euch mit dem massiven Druck und der Annahme der Qualifikationen und der Empfindungen von Verwirrung der ganzen Menschheit verbindet.

Ihr werdet alsdann mehr Mut empfinden und ihr werdet euch besser der Macht und der Meisterschaft eurer eigenen Mächtigen Gegenwart I AM, die Ihre Kontrolle über die zerstörenden Kräfte ausübt, bewußt sein; alsdann wird das Licht Seine Ausdehnung mit mehr Kraft vollziehen. Wir wollen die Tätigkeit des Kosmischen Lichtes durch euch und durch Europa hindurch intensivieren, um dadurch sehr schädliche Kräfte, die gewisse Individuen beeinflussen, einzukreisen und sie empfinden zu lassen, daß sie ganz und gar verspielt haben, Drohungen wurden ausgesprochen für den Fall, daß Europa sich nicht gewissen kommunistischen Forderungen beugen wird. Nun gut, Wir haben den Entschluß gefaßt, daß Europa nicht nachgeben wird. Wenn ihr euren Sieg des Lichtes für Europa akzeptiert, so müßt ihr Ihn ganz bewußt auch auf England, Rußland und Die Satelliten-Staaten ausdehnen. Das Kosmische Licht intensiviert Seine Tätigkeit. Befehlt, daß die Substanz dieses Kosmischen Lichtes jede Bedrohung gegen Europa einkreise und sie auflöse, noch bevor sie tätig werden kann.

Ich komme, um in euch die Empfindung des Kosmischen Sieges, den ihr in Europa manifestieren sollt, aufzuladen. Ich werde an eurer Seite sein. Gebt Mir eure Anrufe und sie werden alle erhört werden. Wir bedürfen des Höchstmaßes an Akzeptierung des Sieges des Lichtes durch das Volk der physischen Oktave. Es darf nicht sein, daß -aus Angst- das Volk annimmt, die dunklen Kräfte erreichten in Europa ihre Ziele. Die Ströme der dunklen Kräfte werden in ihr Ausgangszentrum zurückgestoßen und dieses Zentrum wird von der Erde hinweggenommen. Euer Anruf für den Sieg des Lichtes genügt, um die zerstörenden Kräfte in ihre Ursache zurückzustoßen.

Ich frage mich, ob ihr wißt, was das bedeutet, wenn Ich gesagt habe daß Ich während hunderttausenden von Jahrhunderten nur den Sieg gekannt habe? Versteht ihr, daß, wenn Ich in euren Gefühlskörper Mein Empfinden und Meine Lebendige-Kraft, die sich in jahrhundertewährender Tätigkeit gebildet haben, auflade, dies einen Kosmischen Druck bildet, der viel stärker ist als irgend eine dunkle Kraft? Akzeptiert Meinen Sieg in allem, was ihr tut. Bezieht Stellung und erklärt, daß ihr es in all eurer Tätigkeit nur noch mit Meinem Sieg zu tun haben wollt. Ladet jedes Teilchen von Substanz mit dem ihr in Berührung kommt mit Meinem Empfinden Kosmischen Sieges auf. Rufet das Licht Meines Sieges in alles, was ihr tut. Fühlet euch eingehüllt in Meine Leuchtende Gegenwart! Fühlet Meine Kosmische Flamme! Empfindet die Kraft Meiner Stimme und seid die Manifestation Meiner Kosmisch-Lebendigen Kraft dieses Sieges, den ihr ruft!

Seht ihr das Wort „Sieg" irgendwo gedruckt in der äußeren Welt, so versäumt nicht, es zu ergänzen durch „des Lichtes" Gewiß, es gibt für die zerstörenden Kräfte keinen wirklichen Sieg, aber das wissen sie nicht. Wenn ihr dem Wort „Sieg" stets die Ergänzung „des Lichtes" beigebt, so wird sich jedesmal eine Entladung von Licht ergeben. Der Sieg des Lichtes ist der einzige Sieg im ganzen Universum. Alles wird eines Tages vergehen, doch das Licht wird ewiglich weiter bestehen. Einzig das Licht enthält die Intelligenz, die gestattet zu wirken und die Vollkommenheit zu schaffen. Einzig das Licht kann über das triumphieren, was sich dem Göttlichen Plan und Seiner Verwirklichung durch die Menschheit entgegen zu stellen schien. Einzig das Licht ist der Sieg!

Meine Lebendige-Kraft aus hunderttausend Jahrhunderten von Sieg ist eine Ansammlung von Licht, von der Art, daß sich keine finstere Kraft nähern kann ohne augenblicklich vernichtet zu sein.
I AM Ich Bin euer Sieg. Ich habe es euch versprochen und wenn ihr häufig Meine Reden nachlesen wollt, so werdet ihr wissen, wie nahe ihr Meinem Herzen seid. Ihr könnt also verstehen, wie nahe ihr eurem Sieg seid; denn euer Sieg und Mein Sieg sind „EINS"! Es ist unmöglich, das Licht zu teilen. Wenn ihr das Licht so stark intensiviert, wir ihr es wünscht, so nähert ihr euch Meiner Kosmisch-Lebendigen-Kraft Kosmischen Sieges.
Da I AM - Ich der Sieg Bin, der Kosmische Sieg des Lichtes, könnt ihr verstehen, daß die Schatten bei Meinem Herannahen flüchten. Meine Legionen sind die Engel des Sieges und Sie handhaben Kräfte, die kein menschliches Wesen je gesehen hat. Gelegentlich haben die Menschen einen Bruchteil Ihrer Tätigkeit gesehen, aber niemand hat jemals Meine Kosmischen Legionen Kosmischen Sieges in der irdischen Atmosphäre in voller Tätigkeit gesehen. Ich fordere euch auf, durch euren bewußten Anruf die volle Kosmische Tätigkeit Meiner Kosmischen Legionen von Engeln des Sieges in die physische Oktave der Erde herunterzuziehen. Möge die Atmosphäre der Erde so stark durch Ihr Licht aufgeladen werden; mögen die Kräfte des Lichtes hervordringen und die Atmosphäre bis zu dem Punkt verdünnen, wo die Menschen die Projektierungen des Lichtes sehen und gezwungen werden, auf die Knie zu sinken und zu erkennen, woher die Kräfte des Universums, die über eine alles Menschliche übersteigende Autorität verfügen, kommen.
Rufet die volle Kosmische Tätigkeit Meiner Kosmischen Legionen des kosmischen Sieges, damit Sie alles anhalten oder allem zuvorkommen, was Revolutionen schüren, die in Europa Zerstörung oder Haß zwischen den Völkern herbeiführen, die doch zu friedlichem Zusammenleben bestimmt sind.
Rufet Meine Kosmischen Legionen der Engel Kosmischen Sieges in die Angelegenheiten; in eure Heime; in eure Umgebung und in alle, die euch lieb sind. Ich werde euch beweisen, daß die Kräfte des Lichtes niemals jene vergessen, die Ihnen zugehören. Meine Legionen der Engel des Sieges verfügen über Geheimwaffen. Die Menschen sind ohnmächtig angesichts Ihrer Kräfte und der Autorität, die Sie über gewisse Tätigkeiten des Lichtes, denen niemand trotzen kann, ausüben.

Häufig habe ich beobachtet, wie die Angst jene, die während Jahrhunderten gewagt haben, sich dem Sieg des Lichtes zu widersetzen, ergriffen hat, als der Kosmische Kreis Blauer Flamme sie umgab. Dann wissen sie, was der Sieg des Lichtes bedeutet und sie erkennen die Autorität und die Kraft des Heiligen Feuers.
Das Heilige Feuer ist ein Teil Meiner Tätigkeit für die Erde. I AM - Ich Bin die Kosmische Tätigkeit der Kosmischen Flamme Kosmischer Liebe; Kosmischer Vergebung und Kosmischen Sieges. Mein Sieg des Heiligen Feuers kann zart sein wie ein Frühlingshauch, doch wenn es für den Sieg erforderlich ist, kann sich der Blitz augenblicklich in der Atmosphäre manifestieren.

Was nun euch betrifft, die ihr eurer Mächtigen Gegenwart I AM und dem Chor der Aufgestiegenen Meister treu geblieben seid - die ihr die Kosmische Kenntnis, die euch gestattet, Meine Eigenschaften anzuwenden, schätzt, sie anerkennt und liebt, euch stehe Ich jetzt in der Stunde der endgültigen Abstimmung zur Seite! Ich werde euch enthüllen, welche Hilfe eure Liebe zum Licht auf eure Heimatländer in dem Augenblick, wo die endgültige Entscheidung für die Freiheit getroffen werden muß, herbeiziehen kann. Danach wird die Ära permanenten Friedens für die Erde anbrechen. Ich Bin nicht in der Atmosphäre der Erde wegen einer vagen Möglichkeit von Sieg geblieben. Nachdem Ich während hunderttausend Jahrhunderten nur Sieg gekannt habe, weshalb sollte Ich jetzt Meine Gepflogenheiten ändern? Wäre Ich hier, um einen Zustand, der fast eine Million Jahre andauert, zu unterbrechen? Gewiß nicht. Als Ich beschloß, hier zu bleiben, um euch bis zum Ende des Kampfes beizustehen, wußte Ich, was Ich tat; Ich habe aus freien Stücken beschlossen, die Kraft Meines Sieges um euch herum zu errichten, wenn ihr dies annehmt. Es wird dies das Ende der finsteren Kräfte auf Erden sein, für immer!
Die Viel-Geliebte Göttin des Lichtes hat Ihren Sieg durch Ihre andauernden Anrufe um mehr Licht errungen. Sie ist meine eigene Tochter im Dienst. Sie ist der Sieg des Lichtes, wovon Ihre Kraft die Manifestation ist. So wie Meine Legionen des Sieges kennt auch Sie den Mißerfolg nicht. Es genügt, durch eure bewußten ununterbrochenen Anrufe an das Licht immer mehr und mehr Licht anzusammeln, um eine Lawine von Licht auszulösen, die

den Sieg für immer sichert. Ich stand stets dem Mächtigen Chor der Aufgestiegenen Meister und den Kosmischen Wesen, die die Geschicke der Erde lenken, zur Seite; Ich habe stets die Kosmische Flamme Kosmischen Sieges auf die Seite des Viel-Geliebten Saint Germain gezogen; des Viel-Geliebten Jesus, in Ihrem jahrhunderte alten Dienst für die Freiheit und den Sieg der Menschheit. Ich verweile also auch bei jenen, die Sie so lange liebten, um die Kosmische Kraft Meines Sieges zum - für Europa - kritischen Zeitpunkt zu geben.

In eurem Verstand und in euren Gefühlen sei nicht mehr die geringste Annahme von irgend etwas anderem als einzig vom Sieg des Lichtes! Wenn ihr eure Anrufe macht, setzt ihr eine Kraft des Sieges frei, von der ihr nur einen ganz geringen Teil versteht! Wenn ihr die kosmische Kraft des Sieges des Elektronischen Kreises der physischen Sonne rufen wollt, werdet ihr eine Ausbreitung der kosmischen Tätigkeit von Dem auslösen, was Ich vom Planeten Venus darstelle. Wenn ihr irgend eine Eigenschaft dieser Großen Individualisierten Zentren Kosmischer Tätigkeit des Lichtes oder des Heiligen Feuers in Manifestation bringen wollt, so genügt es, eure Aufmerksamkeit auf Sie zu richten, indem ihr eure Anbetung erst eurer Mächtigen Gegenwart I AM schenkt und danach euren Anruf macht an die Gegenwart und das gewählte Zentrum; eure auf diese Weise ausgesandte eigene Energie wird die von euch geforderte Kraft des Sieges in Tätigkeit setzen. Durch eure Aufmerksamkeit tretet ihr in Verbindung mit diesen Zentren und eure Liebe, eure Dankbarkeit und euer Anruf bilden einen Energiestrom, der wie automatisch einen Strom zurückführt, der die Intensität aufweist, die zur Erfüllung eures Anrufes notwendig ist.

Um euch beizustehen, wurden diese Großen Kosmischen Manifestationen des Lichtes, der Kraft und des Sieges des Universums in diesem Weltensystem und an gewissen Stellen der Oberfläche der Erde errichtet. Wisset also, daß es das Kosmische Gesetz ist, welches entschied, Schluß zu machen mit dem, was die der Menschheit gemachten Göttlichen Gaben vernichtete; dem, was wagte, sich der Erfüllung des Göttlichen Planes für die ganze Schöpfung zu widersetzen. Dies ist der Grund, weshalb Ich von diesem Glorreichen Planeten von Schönheit und

Glück gekommen bin und zusammen mit anderen Großen Wesen, die Ihre Hilfe geben - zur Reinigung der Erde - verweilen Wir in der Atmosphäre der Erde.

Armselige Menschheit! Ängstliche menschliche Wesen, die ihre erbärmlichen verwirrenden menschlichen Wünsche dem unendlichen Plan der ganzen Vollkommenheit der Großen Absicht der Schöpfung entgegenstellen!

Es besteht kein Zweifel - sie sind in den Schatten versunken. Diese Schwingung muß von den menschlichen Gefühlen entfernt werden und wird es durch Manifestationen, die niemand wird erklären können und deren Kraft alle zwingen wird, sich zu fügen. Die Manifestationen des Lichtes, die die Menschen zwingen , die Kosmische Tätigkeit des Lichtes, der Intelligenz und des Heiligen Feuers zu sehen, müssen kommen und alle werden sich vor Ihnen verneigen. Die Arroganz der Gefühle hat lange genug gewährt. Kommt man zur endgültigen Abstimmung der Pläne und Verhältnisse auf diesem Planeten, so werden die Kräfte des Lichtes mit einer so verheerenden Intensität in Kosmische Tätigkeit treten, daß die äußere Identität der Menschen von Auflösung bedroht sein wird; denn diese menschliche Hartnäckigkeit wird vorher nicht aufhören und wird Dem nicht gehorchen, von dem es weiß, daß Es sein Meister, Seine Quelle und Seine Höchste Kraft des Unendlichen ist, für immer.

Eine herrliche Bejahung, die euch so wunderbare Manifestationen und sehr große Hilfe bringen würde, wenn ihr sie in der Stille eures Herzens und in der Vertrautheit eures Heimes geben wolltet, besteht darin, zu eurer Mächtigen Gegenwart zu sprechen:
„I AM - Ich Bin der Kosmische Sieg meines Gehorsames Dir gegenüber!" Der Grund dazu ist folgender: Erkennt ihr an, daß ihr der Sieg des Gehorsams gegenüber eurer Gegenwart seid, so gibt dies eurer Gegenwart und den Aufgestiegenen Meistern alle erforderliche Kosmische Autorität, einen großen Teil menschlichen Druckes auszuschließen, der euch Dinge tun lassen könnte, die ihr später bereuen würdet. Durch die Bejahung: „I AM - Ich Bin der vollen Kosmische Gehorsam gegenüber Meiner Viel-Geliebten Gegenwart I AM und den Aufgestiegenen Meistern" übergebt ihr alle Autorität, mit der euch Eure Gegenwart begabt

hatte, dem Ursprung zurück, in das Herz eurer Gegenwart und ihr fordert Ihre Kosmische Tätigkeit für den vollen Sieg; denn wenn ihr der Sieg des Kosmischen Gehorsams seid, so ist kein Widerstand mehr möglich. Es gibt weder Angst, noch Zweifel, noch Widerstand menschlicher Qualifikationen, denn das Menschliche weiß, daß die individuelle menschliche Schöpfung den Kosmischen Kräften nicht widerstehen kann. Die dunkelste aller Kräfte auf diesem Planeten ergibt sich, wenn sie sieht, daß die Kosmische Kraft in Tätigkeit ist. Sie weiß, daß dies das Ende ist. Sie weiß, daß ein Widerstand nicht möglich ist gegenüber gewissen Mächten in Kosmischer Tätigkeit in der Atmosphäre oder in der Struktur der Erde. Wenn ihr euren Sieg Kosmischen Gehorsams anerkennt, so ist das so, als saget ihr: „Meine Mächtige Gegenwart I AM, hier ist alles, was Du mir gegeben hast. Nimm alles zurück und gib Deinem Kosmischen Werk freien Lauf!"

Meine sehr Lieben, Ich wünsche den Schleier von der Atmosphäre der Erde entfernen zu können und euch zu zeigen, was der Kosmische Sieg bedeutet! Ich wünsche, euch die Lebendige Kraft Meines Kosmischen Sieges zeigen zu können - euch die Intensität des Lichtes von Venus aufzuzeigen, das Ich herbeigezogen habe, um die Verankerung Meiner Kosmisch-Lebendigen Kraft des Sieges auf dem Planeten Erde vorzunehmen, auf daß Seine Strahlung sich ausbreite und in Sein Herz alle Lebensströme hereinziehe, die das Licht lieben und es wirklich wünschen.

Um eurem Nächsten zu helfen und um die Verhältnisse der äußeren Welt zu verbessern, verfügt ihr über drei mächtige unbegrenzte Ströme von Beistand. Ihr habt alles, was Ich euch aus Meinem eigenen Lebensstrom des Sieges anbiete - ihr habt die Kraft des Planeten Venus, wo nur Glück, Sieg und Autorität Kosmischer Liebe herrscht; ihr habt den Beistand des Chores der Engel und der Legionen Sieges der übrigen Planeten dieses Weltensystems; denn alles, was Liebe ist und den Sieg in diesem System aufrechterhält, ist „EINS" mit Meinen Kosmischen Legionen Kosmischen Sieges. Die Engel des Sieges kennen nur den Sieg. Manche unter ihnen waren in menschlicher Verkörperung; doch die meisten berührte die Verwirrung dieses Planeten nie und Sie kennen das Gefühl eines Versagens nicht.

Manche Engel sind geschaffen als Zentrum von Kraft und Sieg, das nur die Kosmische Vollkommenheit kennt. Außerhalb diese Zentrums ist Ihnen alles unbekannt. Diese Legionen sind es, die Ich rufe und auf Die Ich eure Aufmerksamkeit lenke, auf daß Ihre Kraft euch schütze und in Europa das Gleichgewicht aufrecht erhalt, als Antwort auf eure Anrufe.

Es gibt noch einen anderen Aspekt Meines Sieges, von dem noch nicht die Rede war. Ein jedes menschliches Wesen, das seine Auffahrt vollzieht, wird Mitglied Meiner Legionen des Sieges, denn die Auffahrt ist der Sieg für diesen Lebensstrom. All jene, die den physischen Körper durch den Krieg verloren und ihre Auffahrt erhalten haben, werden Mitglied Meiner Legionen des Sieges. Es gibt also vier Möglichkeiten, durch welche euch der Beistand einer Kosmischen Tätigkeit gegeben werden kann.

Rufet diese Kosmische Tätigkeit, um all dem zuvorzukommen, womit die finsteren Kräfte euren Kontinent bedroht haben. Erinnert ihr euch dessen, daß Ich sagte: „Ihr seid Meine Freunde des Lichtes und Ich, Ich Bin euer Sieg!" Ich denke, daß ihr besser zu verstehen beginnt, was Ich sagen wollte: Diese Worte sind noch immer das Angebot Meiner Freiheit und Meines Sieges und wenn ihr Meine Gegenwart akzeptiert, dann Bin Ich euer Freund des Lichtes und ihr werdet Mein Sieg. Da es mit Mir kein „Wenn" gibt, bekleide Ich euch mit der Flamme des Sieges Meines Herzens; Ich bekleide euch mit dem Sieg des Planeten Venus; Ich bekleide euch mit der Flamme Meiner Legionen der Liebe und des Sieges und der Engel des Sieges; Ich bekleide euch mit der Kosmischen Flamme der Liebe und des Sieges all jener von diesem Planeten, die ihre Auffahrt gemacht haben; alsdann seid ihr Mein Sieg, denn die Flammen all der Lebensströme, die Ich zu eurer Hilfe gerufen habe, sind auf Meinen Befehl hin gekommen. Also: „I AM Ich Bin hier und I AM Ich Bin da und I AM Ich Bin der Sieg überall!" Ich rufe diesen Sieg, um euch in Europa beizustehen!

Indem ihr Meine Kosmische Flamme Kosmischen Sieges und der Kräfte Kosmischen Sieges, die Ich aus irgend einer Quelle, die Ich auswählte, herbeiziehe, anerkennt, könnt ihr den Kosmischen Sieg und die Kosmische Kraft des Lichtes Welle um Welle ausbreiten und in die Bedingungen der äußeren Welt eindringen lassen; indem ihr in der Flamme Meines Kosmischen Sieges verharrt, werdet ihr wie Ihre Gegenwart, die in Tätigkeit tritt. Haltet die Energie eures Sonnengeflechts in positiver Harmonie; fahre damit fort, die Kosmischen Flammen in Tätigkeit zu rufen und wir werden euch in all das einhüllen, was nötig ist, um euch über alles in dieser Welt siegreich zu machen bis zum Tage eurer Auffahrt und eurer Befreiung.

Wir werden auch Europa in dieser gleichen Kosmischen Flamme Kosmischen Sieges halten, doch müssen wir es durch die Wesen hindurch tun; denn durch ihren eigenen freien Willen geschieht es, daß die Völker -sei es siegreich- regiert werden oder eben nicht.

Meine sehr Lieben, es ist euch in allen Dingen möglich, in die ihr diese Flammen aufladet, euren Kosmischen Sieg mit solcher Geschwindigkeit, Kraft, Macht und Kosmischer Tätigkeit und ohne Opposition zu erlangen! Laßt Uns aus Europa einen Kristall-Kelch Kosmischen Sieges machen, aufdaß die Kosmische Freiheit Saint Germains, Seine Kosmische Autorität, Seine Überfülle und Sein Schutz automatisch mit Seiner Freiheit für alle hervorsprudeln.

Ich habe nie Aufhebens von Jenen gemacht, die mit Mir gekommen sind. Wir sind eine Gruppe, welche die Verantwortung übernommen hat, Wache zu beziehen und so viel von der Kosmischen Flamme Kosmischen Sieges in zunehmender Tätigkeit herbeizuziehen wie nötig ist, um den Endsieg für die ganze Erde zu gewährleisten.

Der Kosmische Sieg des Viel-Geliebten Saint Germain ist der Triumph-Gesang der I AM-Musik, der die Befreiung der Erde für immer von jeder menschlichen Schöpfung zelebriert.

Gott sei es gedankt - der Zyklus ist an dem Punkt angelangt, wo diese Dinge erlaubt sind und wo Saint Germain, der Seigneur der Violetten Flamme für die Erde, die Erde von den Dingen reinigen kann, die nicht Licht sind. Der Augenblick ist gekommen, in dem der Sieg der Ordnung herrschen wird. Es geht nur darum, mit den Anrufen fortzufahren und sobald die Lebendige-Kraft den gewünschten Punkt erreicht hat, wird in zwei Sekunden das Licht in einer abschließenden Welle hervorbrechen - und das Menschliche ist nicht mehr.

Auf jeden Anruf kann Ich Meine Kosmische Flamme Kosmischen Sieges in einen, die ganze Erde erfassenden, Ozean ausweiten; bei Ihrem Hervortreten drängt Sie alles, was sich der Erfüllung des Göttlichen Planes widersetzt, in seine Ursache zurück und Sie reinigt Europa von allem, was seine Völker zu vergiften drohte.

Denkt daran zu sagen: „I AM Ich Bin die Kosmische Flamme Kosmischen Sieges für Europa und Ihr Licht wird hervorsprudeln, um alles zu vernichten, was Ihr nicht gleicht; denn die Kosmische Flamme Kosmischen Sieges bedeutet die Ausdehnung der Heiligen Flamme Ihres Herzens; Sie wird die Erde einhüllen und die finsteren Kräfte werden zurückgedrängt in das Lager des Lichtes bis zu ihrer Auflösung aus dem Universum."

Ich habe lange auf den Augenblick gewartet, da Ich euch Meine Liebe und Meine Dankbarkeit für das aussprechen kann, was ihr bis jetzt bereits getan habt. Ich lege Wert darauf, daß ihr auch wißt, welche Liebe Ich diesem Mächtigen Wesen: dem Erzengel Michael entgegenbringe. Auch Er ist ein Großes Wesen, das nur den Sieg kennt - und als Erzengel befehligt er zahlreichen Legionen, die den Sieg überall hintragen. Er kann Legionen um Legionen von Engeln des Sieges und des Heiligen Feuers in Kosmische Tätigkeit schicken, um für immer den Befehl zu übernehmen.

Ihr liebt euch in der psychischen Oktave. Ich frage Mich, ob ihr wißt, wie sehr Wir Uns in der Oktave der Aufgestiegenen Meister lieben? Ich frage Mich, ob ihr wohl wißt, wie sehr diese Großen Kosmischen Wesen Ihre Liebe füreinander ausdrücken? Ich liebe den Erzengel Michael, Ich liebe den Viel-Geliebten Saint Germain, den Viel-Geliebten Jesus und die Viel-Geliebte Nada, die so oft den Menschen behilflich war, in die Höhen emporzusteigen. Der Ausdruck Unserer Liebe ist der „Gesang des Lichtes" des Universums. Wenn Wir gegenseitig Einer dem Anderen Unsere Liebe und Unsere Dankbarkeit für die geleisteten Dienste aussprechen, so ist es Unser eigenes Licht, das mehr von Seiner Vollkommenheit ausbreitet, von Seinen Segnungen und Seinem Glück, das Universum um uns herum anfüllend, während der Göttliche Kosmische Plan der Schöpfung Seine Mächtige Kosmische Tätigkeit entfaltet.

Wenn sich der Viel-Geliebte Saint Germain vor dem Meister Jesus verneigt und Ihm Seine Liebe ausdrückt, so ist das eine Symphonie, die widerhallt. Die Liebe und die Grüße, die die Großen Kosmischen Wesen austauschen - wenn Sie sich auf dem Wege Ihrer Kosmischen Tätigkeit begegnen, sind ein Ausbruch Fröhlicher Musik, die eine Herrliche Form schafft, die den Anfang darstellt für eine neue Segnung für die Schöpfung. Auf diese Weise müßten Die Menschen auf Erden leben, Liebe, Segnungen und Dankbarkeit bei jeder Begegnung austauschend. Dadurch, daß Segnungen in der Atmosphäre verbreitet werden, beginnt sich eine wunderbare Sache zu bilden, die ihre Schönheit und ihre Strahlung auf das übrige Universum ausströmen. Denkt daran in Zukunft. Ich werde die Göttliche Erinnerung der Aufgestiegenen Meister rufen, damit Sie euch behilflich sei, still diese Anrufe zu machen oder auch laut, wenn ihr allein seid.
Rufet die Kraft der Aufgestiegenen Meister in Tätigkeit um das, was nicht notwendig ist, zu verzehren und zu vergessen. Widmet diesem eure Aufmerksamkeit so weit wie möglich, jedoch ohne Spannung. Segnet mit eurem Kosmischen Sieg alles in Europa und tut es mit der Freude, so als würdet ihr singen. Weist jede zerstörerische Unterhaltung zurück und ersetzt dies durch die Bejahung des Kosmischen Sieges, der Europa aus aller Not rettet und den Krieg in der ganzen Welt anhalten wird.

In eurer persönlichen Arbeit und auch in Gruppen wäre es gut zu bejahen: „I AM Ich Bin der Kosmische Sieg aller Göttlichen Wünsche meines Wesens und meiner Welt in allem, was ich auch tue für immer!"
Bejaht euren Kosmischen Sieg in allem was Göttlich in und um euch ist. - Bejaht Unseren Kosmischen Sieg überall. Verbreitet - verbreitet - verbreitet Dies und verharrt alsdann in Frieden und seid glücklich, denn es ist nicht möglich, den Kosmischen Sieg anzuerkennen, ohne glücklich zu sein.

Dies ist eine I AM-Bejahung, die euch permanentes Glück bringen wird. Je häufiger ihr diesen Anruf sprecht, umso entspannter und umso glücklicher werdet ihr sein; umso weniger Spannung und umso weniger Mühe wird es geben. Dieser Anruf wird euch von diesem schrecklichen Gefühl von Kampf befreien; er wird alle Begrenzungen und Probleme verschwinden lassen.

Darf Ich auf eure Mitarbeit zählen? Werdet ihr diese Anrufe lange genug aufrecht erhalten, um den Manifestationen zu gestatten, sich rasch und rascher zu verwirklichen?

Mit aller Liebe und mit aller Dankbarkeit Meines Wesens - mit der ganzen Ergebenheit Meiner Legionen des Sieges - mit aller Liebe und einhüllenden Kraft des Heiligen Feuers der Mächtigen Engel des Sieges - mit der Mächtigen Flamme Kosmischen Sieges des Planeten Venus - mit den Aller-Mächtigsten Kosmischen Segnungen der Mächtigen Gegenwart I AM und denen des Höheren Geistkörpers der ganzen Menschheit und ganz speziell mit der Dankbarkeit und der Liebe jener, denen die Auffahrt gewährt wurde: Ich bekleide euch mit der Erinnerung eures Göttlichen Geburtsrechtes, aufdaß ihr durch die Kräfte des Lichtes siegreich seid über alle menschliche Schöpfung, deren ihr ansichtig werdet. Alles, was nicht Licht ist, muß eines Tages aufgelöst werden durch das Licht. Meine Kosmische Flamme Kosmischen Sieges ist die Kosmische Kraft des Höchsten Lichtes der Großen Zentral-Sonne.
Die Flamme, die Liebe und Substanz des Herzens der Schöpfung sind der Sieg des Lichtes für immer.

Ich danke euch und Ich wiederhole: Ihr seid Meine Siegreichen Freunde des Lichtes und I AM Ich Bin euer Sieg bis zu eurer Auffahrt. Seien Wir gemeinsam der Sieg Europas und Die Freiheit der Welt für immer!

Ich danke euch!
Victory

PORTRAITS ist das Sprachrohr Saint Germains, des Regenten des Wassermann-Zeitalters. In Höhr–Grenzhausen bei Koblenz hat er sich durch Hanns-Joachim Starczewski sein Geist- und Heilzentrum aufbauen lassen.
Die Zeitschrift erscheint 4 mal im Jahr. Einzelpreis DM 6,–, im Abonnement, zuzüglich Porto, DM 32,–.

Im GEIST– UND HEILZENTRUM SAINT GERMAIN wird Theurgie, die Lehre vom Wundertun mit Gottes Hilfe, die magische Gestaltung zu guten Zwecken, ähnlich der Weißen Magie, gelehrt und praktiziert. Theurgie ist die mystische Kunst, durch die der Mensch in dem Maße mit der Gottheit zusammenarbeitet, wie sie durch Demut und dauernde Selbstaufopferung realisiert. Wir verstehen unter Theurgie den Verkehr mit planetarischen Geistern und mit Engeln, den Göttern des Lichts, und die Kenntnis der Hierarchien zwecks Erlangung der nötigen Kraft, um mit ihnen zu verkehren.

Das ganze Jahr über werden im KÜNSTLERHOF – dem GEIST– UND HEILZENTRUM SAINT GERMAINS, Seminare über Radiästhesie, Esoterik, Metaphysik und Parapsychologie durchgeführt. Höhepunkte sind u.a. die Metaphysischen Heilerseminare, in denen die Suchenden in die metaphysischen Heilmethoden eingeweiht werden, im Sinne Jesu Christi, der uns den Auftrag gab, das Neue Evangelium des Wassermann–Zeitalters zu verkünden; die Menschen von Ihren Leiden zu heilen und die negativen Energien (bösen Geister) zu erlösen.